टाइगर टाइगर

खुशवंत सिंह का एकमात्र नाटक है *टाइगर टाइगर* जो पुरानी अप्रकाशित पाण्डुलिपियों के बीच में वर्षों तक दबा रहा और 1993 में प्रकाशित पुस्तक *नॉट ए नाइस मैन टू नो* में यह पहली बार सम्मिलित हुआ।

खुशवंत सिंह एक बहु-प्रतिभाशाली लेखक हैं जिन्होंने अलग-अलग विधाओं और विषयों पर भरपूर लिखा है। जहां एक ओर उन्होंने शराब और शबाब में डूबे *औरतें* और *समुद्र की लहरों में* और *सनसेट क्लब* जैसे बैस्टसैलर उपन्यास लिखे हैं तो दूसरी ओर भारत के विभाजन की पीड़ा को दर्शाते हुए *ए ट्रेन टू पाकिस्तान* जैसा दिल को छू लेने वाला उपन्यास भी लिखा है। सिख धर्म के प्रति उनकी बहुत श्रद्धा और आस्था है और उन्होंने सिख कौम पर एक बृहत् प्रामाणिक इतिहास लिखा है। उन्होंने कई नामी उर्दू शायरों की शायरी का अंग्रेज़ी में अनुवाद किया है। भारत की संस्कृति, इतिहास और अनेक सामयिक विषयों पर भी लिखा है और व्यंग्य के मामले में तो वे अपने चुटकुलों के कारण मशहूर हैं ही।

पद्मभूषण और पद्मविभूषण से सम्मानित खुशवंत सिंह का कहानी कहने का अंदाज़ पाठकों में खासा लोकप्रिय है।

टाइगर टाइगर

खुशवंत सिंह

राजपाल

अनुवादक
महेन्द्र कुलश्रेष्ठ

ISBN : 978-93-5064-138-5
प्रथम संस्करण : 2013
© खुशवंत सिंह
© हिन्दी अनुवाद : राजपाल एण्ड सन्ज़
TYGER TYGER (Play)
(HINDI TRANSLATION OF 'TYGER TYGER BURNING BRIGHT')
by Khushwant Singh

राजपाल एण्ड सन्ज़

1590, मदरसा रोड, कश्मीरी गेट-दिल्ली-110006
फोनः 011-23869812, 23865483, फैक्सः 011-23867791
website : www.rajpalpublishing.com
e-mail : sales@rajpalpublishing.com

यह अद्भुत नाटक

~

स्वयं अपनी और दूसरों की असलियत को बेसाख्ता उजागर करने वाले अति चर्चित, सर्वप्रिय पत्रकार खुशवंत सिंह ने कहानियाँ और उपन्यास भी लिखे—जिनमें से एक *'ट्रेन टु पाकिस्तान'* बहुत प्रसिद्ध हुआ और उस पर फिल्म भी बनी। परन्तु वे खुद को लेखक नहीं मानते हैं—और अच्छा लेखक तो बिल्कुल भी नहीं—लेकिन उनका यह अद्भुत नाटक इस धारणा को गलत सिद्ध करता है। इस तीन अंकों के छोटे से नाटक की कहानी भी विचित्र है। इसे उन्होंने सत्तर के दशक में या जब कभी लिखा होगा, फिर कहीं रख दिया। न यह प्रकाशित हुआ, न खेला गया।

इसकी खोज उनकी चुनी हुई रचनाओं का एक संग्रह प्रकाशित करने के काम में लगी नन्दिनी मेहता ने की—जो उसे अप्रकाशित पांडुलिपियों के ढेर में दबी हुई मिली। और इसे *'नॉट ए नाइस मैन टु नो'* के प्रथम संकलन में प्रकाशित किया। इसका दूसरा संस्करण 2011 में छपा, लेकिन अब भी इसकी ओर किसी का ध्यान नहीं गया है।

टाइगर टाइगर बर्निंग ब्राइट का यह हिन्दी अनुवाद पहली बार एक पुस्तक के रूप में प्रकाशित किया जा रहा है। हालाँकि इस देश और

विशेषकर उत्तर भारत में नाटकों को महत्त्व नहीं दिया जाता, फिर भी अनेक दृष्टियों से यह अपूर्व है। इसमें अपने समय की ज़िन्दगी को, जिसमें भारत छोड़कर अपने देश गए अंग्रेज़ों, अमेरिकी पैसा और सभ्यता लेकर दुनिया भर में घूम रहे अमेरिकनों तथा उस समय के सबसे अनोखे, जीवन के प्रयोग कर रहे प्राणियों—जिन्हें 'हिप्पी' का रोचक नाम दिया गया और जिन्होंने सारी दुनिया में कुछ समय के लिए जबर्दस्त हलचल मचा दी, और जो अब गोआ के समुद्रतटों पर ज़िन्दगी के आखिरी वर्ष व्यतीत कर रहे हैं—बड़ी ऐतिहासिक समझ और रोचकता से चित्रित किया गया है।

यह नाटक *'विद मैलिस टुवड़्स वन एंड ऑल'* के प्रसिद्ध सरदार साहब को श्रेष्ठ साहित्यकार की श्रेणी में ला खड़ा करने के लिए पर्याप्त है—कुछ इस तरह जैसे पूर्व प्रधान मंत्री पी. वी. नरसिम्हा राव के उपन्यास *'इनसाइडर'* (हिन्दी में राजपाल एंड सन्ज़ द्वारा प्रकाशित 'अन्तर्गाथा') को प्राप्त हुआ। यह अद्भुत नाटक पढ़ते हुए विषयों के चुनाव और तीखी अभिव्यक्ति के लिए बरबस बर्नार्ड शॉ की याद आने लगती है।

यह नाटक अंग्रेज़ी में लिखा गया था, और यह उस समय सामने भी नहीं आया, इसलिए यह खेला नहीं जा सका। देश में अंग्रेज़ी नाटकों के मंचन की परम्परा नहीं के बराबर है। अब यह हिन्दी रूपान्तर में प्रकाशित हो रहा है—इसलिए इसे आसानी से खेला जा सकता है। लेखक को उनकी इस दीर्घायु में यह विशेष भेंट होगी।

पात्र-परिचय

~

यास्मीन अहमद	:	22 वर्षीया रिसेप्शनिस्ट, पूर्व एयर होस्टेस
शार्दूल सिंह	:	60 वर्षीय चोबदार, रिटायर्ड सिख सिपाही और शिकारी
ए. एन. माथुर	:	35 वर्षीय भारत सरकार में डायरेक्टर ऑफ टूरिज़्म
महाराजा	:	30 वर्षीय युवा शामनगर के महाराजा
जैक कोनरान-स्मिथ	:	25 वर्षीय लंबे बालों और दाढ़ीवाला अंग्रेज़ हिप्पी
एल्फ़ श्नेडरमैन	:	60 वर्षीय अमेरिकी पर्यटक
मिसेज़ श्नेडरमैन	:	55 वर्षीया एल्फ़ की पत्नी होटल के कर्मचारी

———————

अंक -1

दृश्य-1

~

(राष्ट्रीय संरक्षित वन के एक होटल का प्रवेश द्वार। एक तरफ़ रिसेप्शन की मेज़ रखी है, जिसके पीछे दीवाल पर चाभियाँ लटकाने और चिट्ठियाँ रखने के खाने और टेलीफोन का स्विच बोर्ड लगे हुए हैं। मेज़ पर होटल में ठहरने वालों के नाम-पतों का बड़ा-सा रजिस्टर और उसके साथ 'ड्राई डे' लिखा हुआ छोटा-सा बोर्ड रखा है, बगल में 'एयर इंडिया महाराजा' का पोस्टर और छोटे-मोटे होटलों की ज़रूरत की चीज़ें इधर-उधर पड़ी हैं।

यही होटल की लॉबी है। रिसेप्शन की मेज़ के बगल में एक सोफ़ा, तीन आरामदेह कुर्सियाँ और एक लंबी मेज़ पड़ी है। कमरे में सजावट के लिए फूलदार गमले रखे हैं और हरी-भरी क्यारियाँ बनी हैं।

प्रवेश द्वार के ठीक सामने दीवाल पर दो बड़े पोस्टर लगे हैं जिनमें एक पर पं. जवाहरलाल नेहरू की तस्वीर विदेशी आगन्तुकों का विशेष रूप से स्वागत करते हुए लगी है, दूसरी में ताजमहल की तस्वीर और उसके नीचे 'विज़िट इंडिया' लिखा है—और इन दोनों के बीच मुँह फाड़कर चिंघाड़ते एक चीते का सिर लटका हुआ है।

मेज़ के पीछे रिसेप्शनिस्ट लड़की रजिस्टर पर सिर झुकाए हुए लिखने में लगी है।

प्रवेश द्वार की सीढ़ियों के बगल में वर्दी में लैस चोबदार पैरों के बीच बंदूक दबाये बैठा है।)

(**नोट** : होटल के बाहर का फाटक लोहे का बना है जिसे दिन के समय खोला जा सके।)

चोबदार : मिस साहब जी, मुझे यह बताओ—घने जंगलों के बीचोंबीच होटल बनवाने की क्या तुक है? आप तो दुनिया भर में घूमे फिरे हो। हमारी सरकार जो भी करती है उसमें आपको क्या तुक नज़र आती है?

रिसेप्शनिस्ट : (*चश्मा उतारकर*) भले आदमी, ज़रा धीरज रखो। आज पहला ही दिन है। यहाँ दुनिया भर से लोग हमारे जंगली जानवरों को देखने आएँगे...

(*तभी स्विच बोर्ड में खनक होती है*) अब देखो, क्या कहा मैंने।

(*लाइन जोड़ती है*) गुड ईवनिंग, होटल वाइल्ड लाइफ।

(*खड़खड़ाती आवाज़*) हाँ, हाँ होटल वाइल्ड लाइफ।

(*चोबदार से कहती है*) टेलीफ़ोन वाले लाइन चेक कर रहे हैं।

(*लाइन अलग करती है*) तो शार्दूल सिंह, मैं कह रही थी कि दुनिया भर से पैसे वाले हज़ारों

साहब लोग यहाँ आएँगे।

चोबदार : अच्छा जी ठीक है, अब मेरी दूसरी बात का जवाब दो। आपने अपने इस गुलाम को यह बंदूक तो पकड़ा दी। अब आप कहते हो कि यह संरक्षित जंगल है, यहाँ गोली न चलाना।

रिसेप्शनिस्ट : तुम्हारा यहाँ काम होगा लोगों को सफ़ेद चीते और घूमते हुए शेर, हाथी, गैंडे वगैरह दिखाना। इन्हें मारना नहीं होगा तुम्हारा काम। तुम्हारी पुरानी बन्दूक इन्हें डराने के लिए है सिर्फ, मारने के लिए नहीं।

चोबदार : (एक नली की अपनी बंदूक को घुमाते हुए) नई बंदूक है जी, मिस साहब और बंदूक अगर सिर्फ आवाज़ ही करे–ठह और चोट न मारे तो जानवर भी उसकी इज़्ज़त नहीं करेंगे। फिर आप क्या करोगे। मैं कहता हूँ...।

रिसेप्शनिस्ट : होटल वाइल्ड लाइफ़, गुड ईवनिंग! (खड़कती आवाज़, वह हाथ से फ़ोन का मुँह दबा लेती है) फिर वही लोग हैं, टेलीफोन वाले। इन्हें ज़रा भी समझ नहीं है। (टेलीफ़ोन वालों की नकल करते हुए कहती है) टेस्टिंग, टेस्टिंग, टेस्टिंग। वन, टू, थ्री, फ़ोर (टेलीफोन में बोलती है) यस, यस–हाँ, शार्दूल सिंह, तुम क्या कह रहे थे?

चोबदार : जी, मिस साहब जी, मैं कह रहा था–बंदूक रखिये तो ऐसी जिससे मारा भी जा सके। फर्ज़ करो, कोई आदमख़ोर चीता सामने आ जाए, तो

आप क्या करोगे?

रिसेप्शनिस्ट : आदमख़ोर! यह तो बड़ी मनोरंजक स्थिति होगी।

चोबदार : क्या होगी?

रिसेप्शनिस्ट : मनोरंजक स्थिति वह होती है, जिसमें सबको मज़ा आए। कोई भी आदमी को मारकर खाना क्यों चाहेगा, जबकि दूसरी बहुत-सी मज़ेदार चीज़ें खाने के लिए हैं—जैसे तंदूरी चिकन, आइसक्रीम और...

(स्विच बोर्ड पर फिर आवाज़ होती है) क्या परेशानी है! *(फिर उसे उठाती है)*

हाँ, हाँ सौवीं दफ़ा कह रही हूँ कि यह होटल जंगल में है...अरे...माफ़ कीजिएगा, सर...यस सर, दिस इज़ होटल वाइल्ड लाइफ, गुड ईवनिंग! मैंने समझा...यस, तीन कमरे चाहिए। एक सिंगल, एक डबल, एक साहब के लिए सुइट...जी, तैयार मिलेंगे। *(फोन रख देती है, फिर अपने बालों पर हाथ फेरती है)* देखो तो शार्दूल सिंह! पहले ही दिन चार मेहमान। उनके साथ अपने बड़े साहब भी! *(मेज़ पर रखी घंटी बजाती है। वर्दी पहने हुए एक बैरा आता है।)* नंबर दो, पाँच, छह और नौ फ़ौरन तैयार कर दो। नंबर दो में बड़े साहब के लिए फूल रख देना। किचेन में कहो कि स्पेशल वी. आई. पी. मैन्यू तैयार करे : टमाटर सूप, चिकन करी, चावल, केरामेल कस्टर्ड और सबके बाद बढ़िया कॉफ़ी।

बैरा : जी, मैडम।

रिसेप्शनिस्ट : अब देखना कितने लोग आते हैं। तुम्हें सिर्फ यह करना है कि जब भी ये लोग कैमरा खोलें सामने दो-चार आदमख़ोर खड़े हों। और देखना, आदमख़ोरों की फोटो खींचने के लिए कितने लोग खिंचे चले आते हैं। ये जानवर तो दुनिया के सभी लोगों को पसन्द आएँगे।

चोबदार : मिस साहब, आप जानते भी हो कि आदमख़ोर क्या होता है?

रिसेप्शनिस्ट : आदमख़ोर आदमियों को ही तो खाता होगा?

चोबदार : औरतों को भी खाता है।

रिसेप्शनिस्ट : ठीक है, उन्हें भी खाता होगा!

चोबदार : और बच्चों को भी...

रिसेप्शनिस्ट : चलो ठीक है। आदमी, औरत, बच्चे सभी को खाता होगा, फिर क्या?

चोबदार : और मिस साहब जी, वो हमेशा मरद (नर) ही नहीं होता, औरत (मादा) भी होता है। औरत आदमख़ोर मरद से ज़्यादा लोगों को खा जाती है।

रिसेप्शनिस्ट : अच्छा?

चोबदार : हाँ जी। और वो जितनी ज़्यादा उमरदराज़ (बड़ी) होती जाती है उतनी ही ज़्यादा भूखी होती चली जाती है।

रिसेप्शनिस्ट : यह तो और भी मनोरंजक स्थिति है।

चोबदार : क्या स्थिति?

रिसेप्शनिस्ट : मैंने बताया न, जो बात सब लोगों को मज़ेदार

लगे।

होटल वाइल्ड लाइफ़, गुड ईवनिंग!

सुइट चाहिए? हमारे यहाँ एक ही सुइट है और वह बुक हो गया है। सिंगल या डबल...एक डबल...यस सर, आपका नाम? महाराजा...कहाँ के?...शामनगर...यस, ठीक है, योर हाइनेस... जी, नौकरों के लिए भी कमरे हैं। थैंक यू! *(फोन रख देती है)* अब सुनो, असली महाराजा आ रहे हैं।...जिसने खुद दर्जनों शेर चीते मारे होंगे, वे भी उन्हें सिर्फ देखने आ रहे हैं!

चोबदार : मिस साहब, जब आदमी बूढ़ा हो जाता है, वह आँखों से ही शिकार कर सकता है।

रिसेप्शनिस्ट : *(आँखें तरेरकर)* क्या मतलब है इसका?

चोबदार : उसकी बँदूक का पाउडर चुक जाता है।

रिसेप्शनिस्ट : ऐसी बातें करना ग़लत है और तुम्हें कैसे पता कि वह बूढ़ा है। वह जवान और खूबसूरत भी हो सकता है!...सुनो, कार की आवाज़ है?

(कार की आवाज़ पास आ रही है। चोबदार उठ कर खड़ा हो जाता है। रिसेप्शनिस्ट अपने बाल सँवारती है। सामने कँकरीली ज़मीन पर कार रुक जाती है। दरवाज़े खुलते और बंद होते हैं। चोबदार बन्दूक रखकर सामान उठाने बाहर जाता है। मिस्टर और मिसेज़ शनेडरमैन प्रवेश करते हैं, उनके कंधों पर कैमरे, दूरबीन वगैरह लटकी है। कार के लौटने की आवाज़ सुनाई

देती है।)

मिसेज़ श्नेडरमैन : ओह मैन! यह जगह तो ग्रेट है! जंगल के बीचो बीच। एल्फ़ी, मुझे यह पसंद है। *(रिसेप्शनिस्ट की ओर मुड़कर)* हाउ आर यू दिस ईवनिंग? *(वह अपना हाथ आगे बढ़ाती है)* मैं हूँ मिसेज़ श्नेडरमैन और ये मेरे हस्बेंड।

रिसेप्शनिस्ट : गुड ईवनिंग, मैडम! गुड ईवनिंग, सर! मुझे आशा है कि आपकी यात्रा अच्छी रही होगी।

मिसेज़ श्नेडरमैन : *(हाथ मिलाते हुए)* श्योर! इस ऊबड़-खाबड़ जंगल में ग्रेट रहा हमारा सफ़र। यह तुम्हारी जगह भी बढ़िया है।

रिसेप्शनिस्ट : विज़िटर्स बुक पर दस्तख़त कर दीजिए। कमरे तैयार हैं। सात बजे डिनर सर्व कर दिया जाएगा।

मिसेज़ श्नेडरमैन : *(रजिस्टर में लिखते हुए)* हनी, होटल में हम पहले मेहमान हैं। है न कितनी शानदार बात! क्यों न हम यह पन्ना फाड़ लें और वापस जाकर लोगों को दिखायें? *(फिर सामने रखा 'ड्राई डे' का नोटिस उठाती है)* ये लोग कितने समझदार हैं—कब पानी बरसेगा और कब मौसम 'ड्राई' रहेगा, इन्हें पहले ही पता चल जाता है।

रिसेप्शनिस्ट : सॉरी मैडम! इसका मतलब यह है कि आज हम होटल में ड्रिंक्स सर्व नहीं करेंगे।

मि. श्नेडरमैन : ओ! तो हम अपनी बूज़ साथ लाया है। उसके लिए तो आपको शिकायत नहीं होगा?

रिसेप्शनिस्ट : बिल्कुल नहीं, सर। मैं आपके लिए सोडा और

बर्फ़ भिजवा देती हूँ। (घंटी बजाती है। बैरा हाज़िर होता है। उसे एक चाभी पकड़ाती है।) नंबर छह।

(बैरा चोबदार से सामान ले लेता है।) डिनर के बाद जंगल की सैर का इन्तज़ाम है। सर्च लाइटें लगी जीप तैयार है। हमारा पेशेवर शिकारी जंगली दुनिया की झाँकी दिखायेगा। आप भी जाना चाहें तो...

मिसेज़ श्नेडरमैन : श्योर! ज़रूर जाएँगे। इसी के लिए तो यहाँ आया है।

रिसेप्शनिस्ट : मुझे विश्वास है, आपको यहाँ अच्छा लगेगा।

मिसेज़ श्नेडरमैन : शर्त लगाओ। बाद में देखेंगे।

(श्नेडरमैन दम्पति बैरे के साथ जाते हैं। विराम...। एक कार की आवाज़ आती है। दरवाज़ा खुलता-बन्द होता है। चोबदार सामान उठाने जाता है। कोनरान-स्मिथ प्रवेश करता है, लाल रंग के बाल, उलझी हुई दाढ़ी, हिप्पियों जैसे वस्त्र, पीठ पर थैला।)

रिसेप्शनिस्ट : (चौंककर) तुम?

कोनरान-स्मिथ : मेरा नाम, मैडम, कोनरान-स्मिथ है। मुझे आपसे पहले मिलने का सौभाग्य प्राप्त है। मुझे कमरा मिलेगा?

रिसेप्शनिस्ट : क्या कर रहे हो तुम यहाँ? मैंने तो सोचा था कि अब हम नहीं मिलेंगे।

कोनरान-स्मिथ : मैं यहाँ आदमी और जानवर की नेचर की स्टडी करने आया हूँ और औरत की भी। आप मुझे

कोई अच्छा-सा कमरा दीजिएगा—हो सके तो अपने ही कमरे के साथ।

रिसेप्शनिस्ट : *(संकुचित होती है। घंटी बजाती है। बैरा प्रकट होता है।)* नंबर नौ। यहाँ दस्तख़त कीजिए।

कोनरान-स्मिथ : विद प्लेज़र *(लिखने लगता है)* नाम—कोनरान-स्मिथ। राष्ट्रीयता—ब्रिटिश...जिसके लिए मुझे गर्व है!

रिसेप्शनिस्ट : इसमें ऐसी बातें न लिखें।

कोनरान-स्मिथ : व्यवसाय? व्यवसाय...व्यवसाय

रिसेप्शनिस्ट : घूमना-फिरना

कोनरान-स्मिथ : व्यवसाय : प्रेम की तलाश।

रिसेप्शनिस्ट : *(रजिस्टर छीन लेती है)* तुम्हें समझना मुश्किल है। अपना पासपोर्ट नंबर दो, बाकी मैं खुद भर लूँगी।

कोनरान-स्मिथ : *(पासपोर्ट देता है)* तुम्हारा सेवक। अब चलूँगा रूम नंबर नौ में, फिर वहाँ से स्वर्ग। मेरा ख्याल है, तुम्हारा दस नंबर कमरा होगा—ठीक? *(जाता है)*

चोबदार : मिस साहब, आपके पुराने दोस्त लगते हैं।

रिसेप्शनिस्ट : सिर्फ एक दफ़ा मिली हूँ, जब एयर होस्टेस थी। कुछ पागल आदमी है। सभी साहब लोग कुछ पागल होते हैं।

चोबदार : जब मैं फौज में था, मेरे कर्नल साहब हमेशा शाम के समय एक बाँस पर मच्छरदानी लगाकर बाहर जाते थे और तितलियाँ, टिड्डे और तरह-तरह

के कीड़े पकड़ते घूमते थे। उनकी मेमसाहब तो और भी पागल थी। बिल्लियाँ और कुत्ते इकट्ठे करती थी। उनके पास कुल चौदह जानवर थे। मैं अपने आप से सवाल करता था कि किस तरह इस कौम ने दुनिया भर पर राज किया। मेरी बात समझ रही हैं आप? मेरा कहने का मतलब यह है कि एक राजा को राजा की तरह दिखना चाहिए। उसी की तरह बात करनी चाहिए। उसी तरह व्यवहार करना चाहिए।

(कार की आवाज़ आती है। चोबदार नये मेहमान को लेने जाता है। मिस्टर माथुर पूरी तरह इंडियन सिविल सर्वेन्ट की तरह सजे-धजे प्रकट होते हैं, नेहरूजी की तरह उनके कोट के तीसरे बटन होल में गुलाब का फूल लगा है, कंधे पर ट्रांज़िस्टर लटका है और मुँह में सिगार दबा है।)

रिसेप्शनिस्ट : *(उठकर)* गुड ईवनिंग, सर!

माथुर : *(इस पर ध्यान नहीं देता और घूमकर आवाज़ लगाता है)* चौकीदार, यह केस हैंडिल पकड़ कर मत उठाओ, इसे सिर पर रखकर लाओ। कैसे हैं ये सिख! चपरासी, मेरा ब्रीफकेस सुइट में ले चलो। अरे, तुम्हारा नाम क्या है...मिस...मिस...

रिसेप्शनिस्ट : अहमद, सर!

माथुर : अरे हाँ, यास्मीन अहमद! मैं ए.एन. माथुर, आई.ए.एस, ज्वाइंट सेक्रेटरी, डायरेक्टर टूरिज़्म... तुमने मेरे बारे में सुना होगा।

रिसेप्शनिस्ट : यस सर! मैं मिनिस्ट्री में नई आई हूँ। मेरी पहली

पोस्टिंग है यह।

माथुर : ठीक है, मैं देखता हूँ, तुम्हारे लिए क्या कर सकता हूँ। कोई मेहमान आये?

रिसेप्शनिस्ट : यस सर, एक अमेरिकी कपल और एक इंग्लिश जेन्टलमैन। एक और भी आ रहे हैं, शामनगर के महाराजा साहब। आपके लिए सुइट रिज़र्व है। उम्मीद है, हिज़ हाइनेस को बुरा नहीं लगेगा।

माथुर : बुरा क्यों लगना चाहिए? अब वक्त आ गया है जब ये लोग जानें कि मुल्क के असली राजा कौन हैं। मुझे कमरे में चाय चाहिए। और ठीक साढ़े छह बजे दो सोडा और बर्फ़।

रिसेप्शनिस्ट : यस सर! *(माथुर बैरा के पीछे-पीछे चला जाता है, जो सामान रखकर उन्हें ले जाने के लिए आ गया है),* शार्दूल सिंह, देखो, यह हैं हमारे नये राजा...राजा की तरह दिखने, बोलने और व्यवहार करने वाले।

चोबदार : *(सिर हिलाता है और थूकता है)* थू...।
(कार की आवाज़, दरवाज़ा खुलता बंद होता है, चोबदार बैठे-बैठे देखता रहता है। महाराजा का नौकर सूटकेस लिए आता है। उसके पीछे महाराजा हैं, खुले गले की कमीज़ और जोधपुरी पोशाक पहने चोबदार अचानक उठकर खड़ा हो जाता है और सेल्यूट मारता है)

महाराजा : सत श्री अकाल, सरदार जी। जंगल में कितनी शानदार जगह बनाई है। *(फिर रिसेप्शनिस्ट की*

ओर मुड़कर उसे भारतीय ढंग से हाथ जोड़ता है)
नमस्कार! आपने मेरे और मेरे साथी के लिए
इन्तज़ाम किया होगा?

रिसेप्शनिस्ट : *(रजिस्टर उसके सामने बढ़ाती है)* यस, योर
हाइनेस! मुझे माफ़ करें, हमारा अकेला सुइट
पहले से बुक था।

महाराजा : मुझे सुइट की क्या ज़रूरत? मेरा काम तो एक
चारपाई और एक कुर्सी से चल जाएगा। *(रजिस्टर
में नाम वगैरह लिखता है)*

रिसेप्शनिस्ट : योर हाइनेस चाय पीना चाहेंगे? या कमरे में
सोडा वगैरह भिजवाया जाए?

महाराजा : नहीं, धन्यवाद। मैं हाथ-मुँह धोकर कुछ देर
आराम करूँगा और फिर डिनर पर सबके साथ
शामिल हो जाऊँगा। *(बैरे के पीछे जाता है)*

चोबदार : मेरा मतबल यह है कि ये पूरी तरह राजा लगते
हैं।

रिसेप्शनिस्ट : लेकिन अब तो ये राजा नहीं रहे। शार्दूल सिंह,
आज के राजा हमारे बड़े साहब जैसे लोग हैं,
और ये अमेरिकी लोग हैं। ये महाराजा और ये
अंग्रेज़ कल के राजा थे। अब इनकी जगह सिर्फ
इतिहास की किताबों में है।

चोबदार : मैं तो किताबें पढ़ नहीं सकता पर आप मेरी बात
याद रखना कि जब भी कोई ज़रूरत पड़ती है
तब वही लोग सामने आते हैं जिनके खून में
गर्मी होती है। आप कभी याद करोगे कि शार्दूल

सिंह ने आपसे हज़ार रुपये की बात कही थी।

रिसेप्शनिस्ट : ज़रूर याद रखूँगी।

(अपने रजिस्टर में लिखना शुरू कर देती है। चोबदार चला जाता है। रोशनी मद्धिम पड़ने लगती है। फिर जंगल की आवाज़ें उठने लगती हैं–झींगुर, मेंढक और कीड़े-मकौड़ों की मिली-जुली चिर्र-चिर्र; फिर चीते की गरज, जो पहले दूर से आती है, फिर पास आती चली जाती है।)

दृश्य-2
~

(दृश्य वही है, अन्तर केवल यह है कि एक कोने में और रिसेप्शनिस्ट की मेज़ पर लैंप जल रहे हैं। चोबदार और रिसेप्शनिस्ट दोनों अपनी-अपनी जगह ड्यूटी पर तैनात हैं। बैरा ट्रे में कप सॉसर वगैरह लाकर उन्हें मेज़ पर करीने से लगा देता है और कॉफ़ी परकोलेटर साथ में रखकर चला जाता है।

नेपथ्य से जंगल के झींगुर वगैरह और डायनिंग रूम में लोगों के खाने-पीने की मिली-जुली आवाज़ें आ रही हैं। खाना खत्म होने के बाद लोग ज़ोर-ज़ोर से बातें करते हुए बाहर आते हैं; माथुर और मिसेज़ श्नेडरमैन आगे हैं। चोबदार उठ खड़ा होता है)

माथुर : मैं कह रहा था, मिसेज़ श्नेडरमैन, कि अपनी दूसरी पंचवर्षीय योजना में हमने देश के सभी

संरक्षित वनों में ऐसे ही टूरिस्ट बंगले बनाने का निश्चय कर लिया है।

मिसेज़ श्नेडरमैन : यह तो बहुत अच्छा है! सुना तुमने, एल्फ़ी, ये लोग ऐसे ही और भी बंगले बनाने जा रहे हैं।

मि. श्नेडरमैन : *(हल्के नशे में)* मैं इसका समर्थक हूँ। लेकिन यह 'ड्राई डे' वगैरह बेवकूफ़ियाँ इन्हें खत्म कर देना चाहिए। फिर इस अँधेरे में किसी को जंगलों में जाकर वाहियात जानवर देखने की ज़रूरत ही नहीं पड़ेगी। *(यह सुनकर सब हँसते हैं।)*

माथुर : मि. श्नेडरमैन, शराब पीना हमारी परम्परा में नहीं है। हमारे राष्ट्रपिता महात्मा गाँधी इसे बहुत बड़ा पाप मानते थे और हमें आशा है कि अगली पंचवर्षीय योजना के अंत तक देश भर में शराब बंदी हो जाएगी।

मि. श्नेडरमैन : *(एक फ्लास्क निकालकर उसे 'ड्राई डे' लिखी पट्टी के बगल में रख देता है)* आपको ऐतराज़ न हो तो मैं अपनी कॉफ़ी में ज़रा सी कोन्याक मिला लूँ। योर हाइनेस, यह नेपोलियन थ्री-स्टार है।

महाराजा : थैंक यू मि. श्नेडरमैन, लेकिन मैं शराब नहीं पीता।

मि. श्नेडरमैन : और जनाब आप, जिनका दुनाली बन्दूक जैसा नाम है?

कोनरान-स्मिथ : अगर आपका मतलब मुझसे है, तो मैं भी शराब नहीं पीता। इसकी जगह मैं पॉट लेता हूँ, जो

वलहल्ला स्वर्ग ले जाने की गारन्टी देता है, बिना हैंग ओवर दिए ऊँचे उठा ले जाता है। जिससे लत भी नहीं लगती, जो तीन-सौ स्टार ब्रांडी से भी ज़्यादा मज़ा देता है। दुनिया के सबसे बड़े लोग जिसे लेते हैं। हालाँकि मुझे अफसोस है कि यह मैं किसी को पेश नहीं कर सकता, क्योंकि इसकी क़ीमत ज़रूरत से ज़्यादा है, और जिस पर कानूनी पाबंदी भी है। *(यह कहकर वह अपना पाइप जलाने लगता है)*

महाराजा : वाह, मि. कोनरान-स्मिथ, वाह! अब दुनिया के सबसे बड़े लोगों का यह मौलिक अधिकार माना जाएगा कि वे कानून को खुले आम तोड़ सकते हैं। *(कोनरान-स्मिथ यह सुनकर ज़रा-सा सिर झुकाता है)*

मि. श्नेडरमैन : मिस्टर मठूर, मैं मान लेता हूँ कि चार बूँद ब्रांडी लेने के लिए आप मुझे जेल में नहीं डालेंगे।

माथुर : हा! हा! सिर्फ यह साबित करने के लिए कि हम दकियानूसी लोग नहीं हैं, मैं भी आपका साथ देना चाहूँगा—लेकिन बहुत थोड़ी, बूँद का भी एक क़तरा भर, जो फ्रांस में कहने का रिवाज़ है।

महाराजा : शाबाश, माथुर साहब! आप सचमुच सिविल सर्विस की इस शानदार परम्परा के कायल हैं, जो मानती है कि वे लोग कानून से ऊपर हैं। और हमारे राष्ट्रपिता महात्मा गाँधी ने भी यह कहा है कि कानून की भाषा और शब्द नहीं, उसकी

भावना महत्त्वपूर्ण है। मैं यह भी जानता हूँ कि मि. श्नेडरमैन की भावना तो सर्वोत्तम है ही।

माथुर : *(महाराजा के व्यंग्य को नज़रअंदाज़ करता है)* मिसेज़ श्नेडरमैन, आप को हमारे यहाँ बन रहे डैम ज़रूर देखने चाहिए। हमारे प्रधान मन्त्री नेहरूजी इन्हें 'देश के नए मन्दिर' कहते थे। नयी पंचवर्षीय योजना में...

मिसेज़ श्नेडरमैन : कॉफ़ी सबके लिए! बीच में बोलने के लिए मुझे माफ करें, आप अपने मन्दिरों की सैर करते रहिये। हमने कोनार्क और खजुराहो में कुछ बहुत ही अच्छे और पुराने मन्दिर देखे। एल्फ़ी तो उन्हें देखकर बहुत उत्तेजित हुआ—है न एल्फ़ी?

मि. श्नेडरमैन : हे भगवान्! मैंने अपनी साठ साल की ज़िन्दगी में ऐसा पहले कभी कुछ नहीं देखा। प्यार करना तो दुनिया में हिन्दू ही जानते हैं। खड़े होकर, बैठकर, कीलों के बिस्तर पर, सामने से, पीछे से...

मिसेज़ श्नेडरमैन : बस, काफ़ी हुआ। एल्फ़ी, तुम्हें ये सब बारीकियाँ बताने की ज़रूरत नहीं है।

मि. श्नेडरमैन : सचमुच? हिन्दू लोगों की यह सेक्स बाइबिल औरत को कितनी तरह से लेने के ढंग गिनाती है...उनहत्तर, सत्तर से एक कम?

कोनरान-स्मिथ : इस सबका कोई मतलब नहीं है मि. श्नेडरमैन। मैं आपको बताऊँ, ये लोग प्यार और सेक्स की

बिल्कुल पहली बात भी नहीं जानते थे। इस इतने बड़े देश में कहाँ इतनी जगह है जहाँ सैंकड़ों आँखें आप को न घूर रही हों? मैं पूछता हूँ आप से, क्या सबके सामने इस तरह खुलकर प्यार किया जा सकता है।

महाराजा : मि. कोनरान-स्मिथ आप असफल प्रेमी जान पड़ते हैं।

कोनरान-स्मिथ : जी, यह सच है। इसीलिए मैं हिमालय के इस जंगल में शान्ति ढूँढने आया हूँ।

मिसेज़ श्नेडरमैन : मैं, इस या किसी और तरह से इंडिया-विरोधी नहीं हूँ, लेकिन मैंने किसी एक पत्रिका में पढ़ा था कि यहाँ के लोग प्रेम के मामले में कमज़ोर होते हैं। एल्फी, तुम्हें उस अमेरिकी लड़की का नाम याद है जिसने यह लेख लिखा था?

मि. श्नेडरमैन : याद तो नहीं है, लेकिन वह लड़की ज़रूरत से ज़्यादा तेज़ रही होगी।

महाराजा : क्या बात कही है! पचास करोड़ लोगों की प्रेम करने की क्षमता की जाँच करने में तो कई युग लग जाएँगे। तुरन्त रिसर्च करवाना हो तो अमेरिकनों को काम सौंप दो। मि. माथुर, आप सहमत हैं इससे?

माथुर : मैं कहना चाहूँगा कि स्त्रियों की उपस्थिति में इस तरह सेक्स की बातें करना मुझे पसन्द नहीं है। *(मिसेज़ श्नेडरमैन की ओर मुड़कर)* मैं उन मन्दिरों की बात नहीं कर रहा था। मैं देश में

बन रही नई चीज़ों के बारे में कह रहा था, जैसे दुर्गापुर, राउरकेला और भिलाई के स्टील कारखाने।

महाराजा : एक अंग्रेज़ों ने बनवाया, एक रूसियों ने, एक जर्मनों ने।

माथुर : विदेशी सहायता से फायदा तो होता ही है।

महाराजा : *(मिसेज़ श्नेडरमैन की तरफ़ देखकर, जो हाथों में काफ़ी पॉट और क्रीम का जग उठाये हुए हैं)* फ़िफ्टी-फ़िफ्टी।

माथुर : हाँ, फ़िफ्टी-फ़िफ्टी तो ठीक है, लेकिन इनके साथ कोई शर्त न हो...

महाराजा : माथुर साहब, मैं कॉफ़ी के बारे में कह रहा था,... आप अपनी बात जारी रखिये।

माथुर : हमारी अर्थव्यवस्था बहुत जल्द आत्मनिर्भर बन जाएगी। देखिये, मि. श्नेडरमैन, बाहर हमारे देश को ठीक से समझा नहीं जाता। हमारा प्रचार तंत्र ज़्यादा प्रभावी नहीं है।

महाराजा : विकास की योजनाओं से ज़्यादा तो हमारे यहाँ अकाल की खबरें छपती हैं।

माथुर : आप या कोई और क्या कह रहा है, इसकी मैं परवाह नहीं करता। मैं जानता हूँ कि देश के लाखों-करोड़ों लोग आगे बढ़ने लगे हैं। भारत अब बहुत जल्द उठ खड़ा होगा और दुनिया के आज़ाद देशों का नेतृत्व करेगा।

कोनरान-स्मिथ : *(ज़ोर से एक प्रसिद्ध पाश्चात्य धुन पर गाना शुरू कर देता है)*

Indians of the world arise,

you have nothing to lose

but your loin cloths.

(दुनिया भर के भारतीयों अब जागो तुम्हारे पास खोने के लिए कुछ नहीं है सिवाय एक लंगोटी के)

महाराजा : इससे हमारी फैमिली प्लानिंग को कोई लाभ नहीं होगा—है न, माथुर साहब?

माथुर : आप जैसे लोग हर चीज़ का मज़ाक ही उड़ा सकते हैं। हमारी बर्थ कंट्रोल योजना भी सफल हो रही है। अगली पंचवर्षीय योजना में...

मि. श्नेडरमैन : *(रिसेप्शनिस्ट की तरफ देखकर)* हमारे साथ कॉफ़ी में शामिल हो जाओ। हम तुम्हें इस तरह वहाँ खड़े नहीं देख सकते।

रिसेप्शनिस्ट : थैंक यू, सर, लेकिन मैं ड्यूटी पर हूँ।

मिसेज़ श्नेडरमैन : आ जाओ, हनी!

कोनरान-स्मिथ : *(उठकर एक कुर्सी उसके लिए रखता है)* इंडिया में कहा जाता है : गेस्ट इज़ गॉड। ये गॉड तुम्हें कॉफ़ी के लिए बुला रहे हैं।

(माथुर के अलावा सब उठ खड़े होते हैं)

मिसेज़ श्नेडरमैन : तुम्हारे लिए कैसी बनाऊँ कॉफ़ी।

रिसेप्शनिस्ट : ब्लैक कॉफ़ी, मिसेज़ श्नेडरमैन।

महाराजा : इस जंगल में तुम्हें बहुत अकेलापन महसूस होता होगा?

मि. श्नेडरमैन : 'क्वीन ऑफ़ दि हिमालयन जंगल'—फिल्म के

लिए यह नाम कैसा रहेगा?

कोनरान-स्मिथ : नहीं, इसकी जगह ‘दि लोनली लवली क्वीन ऑफ़ ए लोनली लवली फ़ॉरेस्ट’—यह नाम ज़रा लम्बा है, पर एकदम सही है।

(सब हँसते हैं। मिसेज़ श्नेडरमैन हँसते हुए कोनरान-स्मिथ के कंधे पर हाथ मारती है)

माथुर : यह हँसने की बात नहीं है। मैं इसका ट्रांसफर कर दूँगा—किसी और जगह। *(रिसेप्शनिस्ट की तरफ़ मुड़कर)* मैं दिल्ली पहुँचूँ तो याद दिला देना मैं फौरन ऑर्डर निकाल दूँगा।

रिसेप्शनिस्ट : मुझे यह सुनकर बहुत अच्छा लग रहा है।

माथुर : यह बात नहीं है। दरअसल सभी के लिए जंगल सही जगह नहीं है। अच्छा, तुमने हमें जंगल दिखाने का भी कोई इंतज़ाम किया है।

रिसेप्शनिस्ट : यस, सर। सर्च लाइटें लगी जीप तैयार है। शार्दूल सिंह आपके साथ जाएँगे। उन्हें जंगल की अच्छी जानकारी है। कॉफ़ी खत्म करके आप लोग जा सकते हैं।

मि. श्नेडरमैन : और हमारे सिगार? *(यह कहकर वे जेब से पाइप निकालते हैं)* किसे चाहिए असली हवाना सिगार? इन्हें घर वापस नहीं ले जा सकता—कामरेड फिडेल कैस्ट्रो की मेहरबानी से। यू सर, महाराजा ऑफ...जहाँ के भी हों।

महाराजा : नो, थैंक्स, मि. श्नेडरमैन। मैं स्मोक नहीं करता।

मि. श्नेडरमैन : अरे, आप कैसे महाराजा हैं? न पीते हैं, न स्मोक

करते हैं। इसके बाद आप यह बताएँगे कि आपके यहाँ हरम भी नहीं है। माफ़ कीजियेगा, कितनी बीवियाँ हैं आपकी?

महाराजा : सिर्फ एक, मि. श्नेडरमैन। महाराजाओं के स्टैंडर्ड से देखें, तो मैं काफ़ी कुछ कुँवारा ही हूँ।
(सब हँसते हैं)

माथुर : आप जानते हैं, महाराजाओं का ज़माना अब खत्म हो गया है। इस नए भारत में...

महाराजा : अब ज़माना है मिनिस्टरों, व्यापारियों और सिविल सर्वेन्ट्स का, जिनकी बहुत सी रखैलें होती हैं।
(ज़ोरदार हँसी)

मि. श्नेडरमैन : (कोनरान-स्मिथ से) यू मिस्टर ब्रिटिश एम्पायर, आपको चाहिए सिगार?

कोनरान-स्मिथ : मैंने कभी हवाना नहीं पिया। मेरा ख्याल है, इसमें इंडियन हशीश का इंजेक्शन लगा दिया जाए, तो यह और भी बढ़िया हो जाएगा। थैंक यू!

मि. श्नेडरमैन : और आप, मिस्टर गवर्नमेंट ऑफ इंडिया?

मिसेज़ श्नेडरमैन : इनकी बात का बुरा मत मानना। एक ह्विस्की में इनका यह हाल हो जाता है।

माथुर : अरे, बिल्कुल नहीं। मैं ज़रूर ट्राई करना चाहूँगा। बात यह है, हम इंडिया में भी बहुत अच्छे सिगार बनाते हैं। हमने उनके एक्सपोर्ट की भी योजना बनाई है।

(स्विच बोर्ड पर आवाज़ होती है। रिसेप्शनिस्ट उसे लेने के लिए जाती है। जंगल की आवाज़ें भीतर आने लगती

हैं–शेर, चीते, भेड़िये वगैरह की मिली-जुली आवाज़ें)

रिसेप्शनिस्ट : होटल वाइल्ड लाइफ़ गुड ईवनिंग! कौन?...जी...जी...पुलिस स्टेशन? यस, हाँ...अच्छा, यह बात है...दरअसल हम तैयारी कर रहे थे...हमारे साथ एक रिटायर्ड सैनिक हैं, जो शिकारी भी रहा है...पुराना आदमी है, फिर भी जैसे पुराने लोग होते हैं...हाँ...ठीक है...कुछ हुआ तो आपको सूचना दूँगी...(रिसीवर रख देती है...फिर मेहमानों की तरफ़ मुखातिब होती है।) सर, यहाँ से आधा मील दूर बाडी गाँव में घंटे भर पहले एक औरत को उठा ले गया...

माथुर : उठा ले गया? कौन उठा ले गया?

रिसेप्शनिस्ट : एक चीता! पुलिस अफसर कह रहा है कि इस महीने में इस तरह की यह तीसरी घटना है। वह कह रहा है कि रात को कोई बाहर न निकले। सब दरवाज़े और खिड़कियाँ बन्द रखी जाएँ। उसका कहना है कि यह चीता आदमखोर है। *(जंगली आवाज़ें तेज़ हो उठती हैं–सियारों की तीखी चीखें, फिर चीते की गरज। रोशनी धीरे-धीरे मंद पड़ जाती है। चोबदार बाहर का फाटक बन्द करता है।)*

दृश्य-3

~

(दृश्य वही, लैंप की रोशनी अब मेज़ पर पड़ रही है। रिसेप्शनिस्ट ड्रेसिंग गाउन पहने, मेज़ पर पैर रखे आराम कर रही है, और कुछ पढ़ रही है। ट्रांज़िस्टर मेज़ पर रखा है और उसमें से सितार की धुन निकल रही है। चोबदार सीढ़ियों पर अधलेटा सो रहा है, उसकी बन्दूक पैरों के बीच दबी है। कभी-कभी खुर्राटि भरता है। बैकग्राउंड में जंगल की आवाज़ें सुनाई दे रही हैं।

कोनरान-स्मिथ नीचे आता है, उसके कंधे पर टेप-रिकॉर्डर लटक रहा है।)

कोनरान-स्मिथ : *(गाता हुआ प्रवेश करता है)* अपने बिस्तर पर सारी-सारी रात मैं अपने प्रिय का इन्तज़ार करता रहा, पर वह नहीं आया नहीं आया। मैं बुलाता रहा, वह नहीं आया। कोई जवाब भी नहीं दिया। अब मैं उठ गया हूँ, जाग गया हूँ। अब मैं जाऊँगा शहर, और घूमता रहूँगा। घूमता रहूँगा उसके गली-कूचों में।

रिसेप्शनिस्ट : *(चौंककर)* हे भगवान्! तो तुम जंगल में जा रहे

हो—क्या कह रहे हो तुम?

कोनरान-स्मिथ : यही कह रहा हूँ। और मैं आदमख़ोर की रिकॉर्डिंग करूँगा, औरत को खाते हुए—दुनिया में पहली बार।

रिसेप्शनिस्ट : यह कोई नाटक नहीं है। और तुम मेरी अनुमति के बिना होटल नहीं छोड़ सकते। मैं तुम्हें रोक रही हूँ।

कोनरान-स्मिथ : ओ क्वीन ऑफ़ दि हिमालयन जंगल, इन पहाड़ों की मलिका, तुम्हारी आज्ञा सिर-माथे पर। ओ लवली एम्प्रेस ऑफ़ हार्ट्स, दिलों पर राज करने वाली खूबसूरत बला, अब तुम मुझे आदेश दो कि तुम्हारा यह गुलाम तुम्हारे सुन्दर-सुन्दर हाथ अपने हाथों में ले सके।

रिसेप्शनिस्ट : बन्द करो यह बकवास! तुम कितने गिरे आदमी हो सकते हो—कोई भावना ही नहीं है। यहाँ से आधे मील पर—हो सकता है कि कुछ गज़ दूर ही—एक औरत मरी पड़ी है, उसका पति और बच्चे बिलख रहे हैं, और सारी बस्ती डर से काँप रही है। तुम पर इस किसी बात का असर नहीं पड़ता। कैसे आदमी हो तुम?

कोनरान-स्मिथ : बहुत मामूली, साधारण-सा आदमी हूँ...। मुझे भी डर लगता रहता है—कुछ असली, और बाकी अपने ही दिमाग की उपज। डर गए तो गये काम से। इसे भूल जाओ, या सोचो कि है ही

नहीं, तो आराम से ज़िन्दगी जीते रहो। यही मेरा उसूल है?

रिसेप्शनिस्ट : ज़िन्दगी यानी पॉट पीते रहना और औरतों को परेशान करना।

कोनरान-स्मिथ : बिल्कुल ठीक कहा। अब पकड़ सकता हूँ तुम्हारा हाथ? *(हाथ आगे बढ़ाता है)*

रिसेप्शनिस्ट : *(उस पर हाथ मारते हुए)* हरगिज़ नहीं। तुम्हें यह समझना चाहिए कि यहाँ मैं ड्यूटी पर हूँ और मेहमानों के हाथ पकड़ना इसमें शामिल नहीं है।

कोनरान-स्मिथ : तो हमें मि. माथुर को बताना चाहिए कि अगली पंचवर्षीय योजना में रिसेप्शनिस्ट की ड्यूटी में यह भी शामिल किया जाए कि वे मेहमानों को अपने हाथ पकड़ने दें, और अगर वे माँगे तो उन्हें चुम्मा भी लेने दें—दस्तखत ए. एन. माथुर, भारत सरकार। *(वह रिसेप्शनिस्ट का हाथ पकड़ता है और उसे चूम भी लेता है। वह हाथ वापस नहीं खींचती)*

रिसेप्शनिस्ट : अरे जैक, तुम ये हरकतें कब बन्द करोगे?

कोनरान-स्मिथ : तुम्हें अब भी शक है मेरे प्यार में? तुम चाहती हो कि मैं आदमखोर के जबड़ों के भीतर जाकर अपने प्यार की परीक्षा दूँ?

रिसेप्शनिस्ट : तुम 'प्यार' का सही मतलब ही नहीं जानते। प्यार करने और साथ सोने में ज़मीन-आसमान का फ़र्क है। ये दोनों एक चीज़ नहीं हैं।

कोनरान-स्मिथ : मानता हूँ। लेकिन जिसे कोई प्यार करता है, उसके साथ सोकर ही वह उसकी पूर्ति कर पाता है। यास्मीन अहमद के लिए कोनरान-स्मिथ के मन की यही स्थिति है। यास्मीन, मैं तुम्हें प्यार करता हूँ और उसकी पूर्ति करना चाहता हूँ। इसमें तुम्हें आपत्ति है?

रिसेप्शनिस्ट : बिल्कुल है। प्यार एक तरफ़ा सफ़र नहीं है। जो मेरे साथ सोना चाहता है, मुझे भी उससे प्यार करना चाहिए। और जैक, मैं भी तुम्हें प्यार करती हूँ, इसका मुझे यकीन नहीं है। इस वक्त तो मैं यही जानती हूँ कि तुम मेरे साथ सोना चाहते हो। इससे मेरा आत्मविश्वास बढ़ता है, मैं तुम्हारे प्रति कृतज्ञ भी महसूस करती हूँ, और कभी-कभी सोचती हूँ कि इसके बदले तुम्हें कुछ तो दूँ। लेकिन मेरे भीतर कोई कहता है कि यह सही नहीं है।

कोनरान-स्मिथ : माई डियर यंग लेडी, इच्छा से नफ़रत मत करो। जिस इच्छा से प्यार पैदा होता है, वह बदन से आगे भी जाती है। इसे देवताओं ने इसलिए बनाया है कि हम मनुष्यों की सबसे बड़ी ज़रूरत पूरी हो सके, भीतर जो गहरा अकेलापन है, उसका ज़बर्दस्त दर्द है, उसे भर सके। क्या तुम रात के अँधेरे में कभी जाग नहीं जातीं, और देखती हो कि कुत्ता चाँद की तरफ मुँह उठाये भौंक रहा है? *(इसकी नकल करके बताता है)*

या कोई ट्रेन आवाज़ करती चली जा रही है—पता नहीं कहाँ से कहाँ तक? *(इंजन के भोंपू और पहियों की धरड़-धरड़ की आवाज़ें करके उसे बताता है)* या कभी अचानक इस विशाल, निर्जन, डरावनी दुनिया में अपने को एकदम अकेला पाया और महसूस किया है—इतना अकेला कि उससे दर्द होने लगे? और उस समय तुमने यह इच्छा नहीं की है कि कोई और हो जो इसका मेरे साथ अनुभव करे? इसी इच्छा को मैं प्यार कहता हूँ। मैं तुमसे इसी तरह का प्यार करता हूँ।

रिसेप्शनिस्ट : थैंक यू, जैक। तुम्हारी बातों का मुझ पर असर हो रहा है, लेकिन यह काफ़ी नहीं। फिर, मौत के सामने इसका अर्थ भी क्या है? मौत सच्ची चीज़ है। उस औरत की मौत जिसकी हड्डियाँ चीते ने चबा डाली हैं, सच्चाई है। उसके रो रहे बच्चे सच्चाई है। प्यार करना, या उस किसी के साथ सोना जिसे तुम प्यार करते हो, इस सबके सामने बेकार है, उसके कुछ मायने नहीं हैं।

कोनरान-स्मिथ : नहीं, ऐसा नहीं है हमारी रोज़मर्रा की ज़िन्दगी में जो परेशानियाँ हैं, उनका यही अकेला जवाब है। तुम्हें सिर्फ यह करना है कि मुझे अपने को प्यार करने दो, और फिर तुम देखोगी कि दुनिया भर के तुम्हारे डर कितनी जल्दी ग़ायब हो जाते हैं।

रिसेप्शनिस्ट : बकवास है यह। फिर तुम प्यार और वासना को एक कर रहे हो। यह ऐसा ही है जैसे शराब पीकर या ड्रग्स लेकर तुम डूब जाते हो—लेकिन जो बहुत कम वक्त में खत्म हो जाता है।

कोनरान-स्मिथ : वक्त के बारे में तुम्हारा मानना सही नहीं है। प्यार हिन्दुओं के संसार की तरह है। यह पैदा होता है, मर जाता है, लेकिन फिर पैदा होने के लिए मरता है। नये-नये रूपों में पैदा होता है यह। यह जन्म देने वाला है, पालन-पोषण करता है, फिर नष्ट कर देता है—तीनों काम यही करता है। इसके बारे में तुम्हारा क्या कहना है?

रिसेप्शनिस्ट : यह सब मेरी समझ से बाहर है। फिर मैं हिन्दू हूँ भी नहीं। हम मुसलमान ज़्यादा ज़मीनी होते हैं। आत्माओं के मिलन के लिए हम हाथ नहीं पकड़ते। *(हाथ छुड़ाते हुए)* अगर इस वक्त यहाँ माथुर साहब आ जाएँ तो वे क्या कहेंगे?

कोनरान-स्मिथ : तुम इसकी फिक्र कर रही हो? लोग क्या कहेंगे! लोग भाड़ में जाएँ, जो प्यार करने वालों के बारे में यह सोचते हैं। हर आदमी और हर चीज़ भाड़ में जाए। मैं पैगम्बर और मसीहा, हशीश में धुत्त और सोने के लिए पागल! पैगम्बर मसीहा कोनरान-स्मिथ की जय!

(यह कहकर वह उठ खड़ा होता है, रिसेप्शनिस्ट की कुर्सी के पीछे जाता है और उसे बाँहों में

भरकर चूमने लगता है) यास्मीन अहमद, मैं तुम्हें प्यार करता हूँ।

रिसेप्शनिस्ट : तुम्हारे मुँह से निकला यह शब्द गंदा लगता है। लेकिन मुझे अच्छा नहीं लगता, यह तो मैं ईमानदारी से नहीं कह सकती... *(चुंबन)* अब बस करो। अब अपने कमरे में जाओ—प्लीज़।

कोनरान-स्मिथ : ठीक है। बस, अपनी आवाज़ रिकॉर्ड कर लेने दो—याद के लिए। अगर मैं औरत को खाने वाले चीते का रिकॉर्ड नहीं कर सकता, तो मैं आदमी को खाने वाली औरत का ही रिकॉर्ड करके संतोष कर लूँगा। *(टेप-रिकॉर्डर खोलता है)*

रिसेप्शनिस्ट : *(चीते की नकल करते हुए)* फ़ी, फ़ाह, फ़ो फ़म। यहाँ मुझे अंग्रेज़ के खून की बू आ रही है। *(गुर्राती है)* मेरी आवाज़ बहुत अच्छी नहीं है, न मुझे अपने बारे में कुछ कहना है।

कोनरान-स्मिथ : टेप आगे बढ़ रही है, वह शान्ति की गहराइयाँ रिकॉर्ड कर रही है।

रिसेप्शनिस्ट : ओह डियर! ज़रा सोचने दो। एक छोटी-सी कविता ही सही :

Tyger, tyger burning bright

In the forest of the night

What immortal hand or eye

Framed thy fearful symmetry?

(चीता, चीता, चमकती लाल आँखें
रात के घने जंगल में आ रहा

कौन है वह अमर हाथ या आँख

जिसने जगाया यह डर का सैलाब)

कोनरान-स्मिथ : 'आई' के साथ यह तुक नहीं बैठी।

रिसेप्शनिस्ट : हाँ, और कुछ रह भी गया...

कोनरान-स्मिथ : कई लाइनें छूट गई हैं।

रिसेप्शनिस्ट : अरे हाँ,

In what distant deeps or skies

Burnt the fire of thine eyes?

On what wings dare he aspire

What the hand dare seize the fire?

(किन दूर की गहराइयों या आसमानों में तुम्हारी आँखों की यह लपट जलकर यहाँ आई है?

कौन से हैं वे पंख जिन पर सवार होकर वह हाथ यह आग यहाँ खींच लाया है?)

इसके बाद की लाइनें मुझे याद नहीं आ रहीं, सिर्फ 'stars throwing down their spears' (सितारे फेंक रहे हैं अपने भाले नीचे की तरफ़) और 'watering heaven with their tears' (स्वर्ग को भिगोते हुए अपने आँसुओं से) वगैरह...

(कोनरान-स्मिथ रिकॉर्डर बन्द करके उसे पीछे चलाता है)

रिसेप्शनिस्ट : कितनी कड़क-आवाज़ है, भयानक लगती है।

कोनरान-स्मिथ : जब लोग सीधे नहीं बोलते, तो आती हैं ऐसी आवाज़ें।...लगता है जैसे राष्ट्र संघ में बहस चल

रही हो, है न? अब सुनो।

छंद। (पहला छंद बजाता है)

तुम्हारी आवाज़ तुम्हारे चेहरे की तरह सुन्दर है। मुझे लगता है कि साड़ी के भीतर तुम्हारा शरीर इन सबसे सुन्दर होगा।

रिसेप्शनिस्ट : लंपट, कमीने! अब समझ में आया कि तुम अंग्रेज़ों को ठंडे खून वाला क्यों कहा जाता था! तुम दुनिया की सबसे छिछोरी जाति के लोग हो।

कोनरान-स्मिथ : बिल्कुल सही कहा। इसका और ज़्यादा सबूत पाने के लिए कमरा नं. 9 में मेरे साथ चलो। *(उसका हाथ पकड़ता है)* प्लीज़।

रिसेप्शनिस्ट : हरगिज़ नहीं। अब जाकर सो जाओ। *(हाथ छुड़ा लेती है)* मैं तुमसे विनती करती हूँ। मुझे और शर्मिन्दा मत करो।

कोनरान-स्मिथ : *(उसे बाँहों में भरकर चूमने लगता है)* यास्मीन, मैं तुम्हें प्यार करता हूँ। तुम मेरे साथ बिस्तर में नहीं आओगी?

रिसेप्शनिस्ट : *(अपने को छुड़ाकर उसकी दाढ़ी सहलाते हुए कहती है)* अगर मुझे विश्वास हो जाए कि मेरे साथ सोने की इच्छा तुम्हारे सच्चे प्यार से होती है, तो शायद—किसी दिन। गुड नाइट!

कोनरान-स्मिथ : *(उसे फिर चूमता है)* गुड नाइट! मैं यह रिकॉर्ड यहीं छोड़ जाता हूँ। जब कभी तुम्हें कुछ करने के लिए न हो, तो इसमें रिकॉर्ड की गई जंगली जानवरों की आवाज़ें सुनना—खासतौर से ब्रिटिश

शेर की संभोग करते हुए आवाज़! गुड नाइट!

(उसे फिर चूमता है)

(जाता है। रिसेप्शनिस्ट अपनी सीट पर बैठ जाती है और रिकॉर्डर को छूने देखने लगती है। महाराजा प्रवेश करते हैं। वह चौंककर सँभलने लगती है।)

महाराजा : माफ़ करना, तुम्हें परेशान किया। अरे, उठो नहीं, वहीं बैठी रहो। उस अंग्रेज़ लड़के की आवाज़ें सुनाई दे रही थीं, तो मुझे लगा कि कहीं तुम्हें परेशान तो नहीं कर रहा।

रिसेप्शनिस्ट : *(टेप रिकॉर्डर बन्द कर देती है)* नहीं हिज़ हाइनेस, बिल्कुल नहीं। वह अच्छा लड़का है—बस, पागल है ज़रा सा। चाहता था कि बाहर जाए और जंगली जानवरों की आवाज़ें रिकॉर्ड करे। मैंने उसे जाने से रोक दिया।...आप तशरीफ़ रखिये, योर हाइनेस! आपके लिए कॉफ़ी बनाऊँ?

महाराजा : *(बैठ जाते हैं)* नहीं, थैंक यू। कॉफ़ी नहीं। इन बदबू छोड़ते लम्बे बालों और दाढ़ी वाले लड़कों पर ज़्यादा भरोसा नहीं किया जा सकता—ये फूलों के हार पहनते हैं और हर वक्त प्यार की रट लगाते हैं। 'मेक लव, नॉट वार'—लड़ो मत, प्यार करो, वगैरह सुनने में तो बहुत अच्छा लगता है, लेकिन सभी यह करने लगें तो दुनिया के लिए बड़ा खतरा पैदा हो जाएगा—वह आज से ज़्यादा बदतर हो जाएगी।

रिसेप्शनिस्ट : मेरा ख्याल है, इनका मतलब उस तरह के प्यार

से नहीं है, योर हाइनेस। इनका मतलब उस प्यार से है जिसकी दुनिया में साधू-संत चर्चा करते हैं। प्यार में नफ़रत से ज़्यादा ताकत होती है। प्यार से दुनिया बदली जा सकती है।

महाराजा : प्यार से दुनिया भले ही बदली जा सके, लेकिन यह नफ़रत से ज़्यादा ताकतवर नहीं है। प्यार की तुलना में नफ़रत से कहीं ज़्यादा कठोर भावनाएं पैदा होती हैं, इससे अच्छे और बुरे दोनों तरह के काम किए जा सकते हैं। खैर, ये सब किताबी बातें हैं। अगर मारने-वाला कोई खुला घूम रहा है, तो हमें उसे मारने का इन्तज़ाम करना चाहिए।

रिसेप्शनिस्ट : मेरी बात आपको बेवकूफ़ी की लगेगी, लेकिन मारने वाले को मार डालने का तर्क मेरी समझ में नहीं आता।

महाराजा : मेरी बात सुनो। अगर मैं इस वक्त जंगल में जाऊँ और कहूँ, 'श्री आदमखोर जी, मैं आपको प्यार करता हूँ,' तो क्या वह अपना इरादा बदल देगा? उस आदमखोर के सिवा दूसरों का इससे क्या फायदा होगा?

रिसेप्शनिस्ट : वह बात अलग है। वह तो जंगल का कानून है।

महाराजा : बिल्कुल ठीक। कोई राष्ट्र एक नये किस्म का बम बनाता है—आदमी को खाने वाला बम। अब उसके पड़ोसी राष्ट्र को क्या करना होगा—कि अपनी रक्षा के लिए वह उससे भी ज़्यादा

ताकतवर आदमी को खाने वाला बम बनाए।
यह भी वही बात है—जंगल का कानून।

रिसेप्शनिस्ट : दुनिया ऐसे ही चल रही है।

महाराजा : हाँ, ऐसे ही चल रही है—पत्थरों से भालों की तरफ तीर-कमान से पटाखों और बन्दूकों की तरफ़, सुपर सोनिक बॉम्बर्स से इन्टरकान्टिनेन्टल बैलिस्टिक मिसाइल्स तक जिनमें मेगाटोन आकार के ऐसे बम लगे हैं जो पूरा देश जलाकर खाक कर सकते हैं। इस तरह यह दुनिया चल रही है। *(मिसेज़ श्नेडरमैन उनके पीछे आकर खड़ी हो गई है और उनकी बातें सुन रही है)*

रिसेप्शनिस्ट : नहीं, योर हाइनेस, इस तरह हमारी दुनिया नहीं चलेगी। हम सड़क के अन्त तक आ पहुँचे हैं।

मिसेज़ श्नेडरमैन : *(आगे बढ़कर)* मैंने ये अमेरिका विरोधी बातें सुन ली हैं। हम अमेरिकन हैं और अमेरिकन होने पर हमें गर्व है। *(रिसेप्शनिस्ट और महाराजा उठ खड़े होते हैं)*

रिसेप्शनिस्ट : अरे, आप बैठिये।

महाराजा : मिसेज़ श्नेडरमैन, हम आपके देश की आलोचना नहीं कर रहे। हम किसी भी देश की आलोचना नहीं कर रहे। हम दुनिया के विनाश की बात कर रहे थे।

मिसेज श्नेडरमैन : तो ठीक है। हर घटना के लिए अमेरिका को दोषी ठहराना सही नहीं है। हम दुनिया की आधी आबादी को खाना खिलाते हैं, जानते हैं आप?

महाराजा ः आप का कहना सही है, मिसेज़ श्नेडरमैन।
आपको गर्व करने के लिए बहुत कुछ है। यह
बताइए, आदमखोर के बारे में आप क्या सोचती
हैं?

मिसेज़ श्नेडरमैन ः बेशक, योर हाइनेस, कैसा मज़ेदार सवाल है।
आप यह जानना चाहते हैं कि मैं आदमियों को
मारकर खाने को अच्छा समझती हूँ या गलत?
अमेरिकन होने के नाते मैं यही कहूँगी कि मैं
इसके एकदम खिलाफ हूँ।

रिसेप्शनिस्ट ः *(हँसती है)* हिज़ हाइनेस हर बात को अपने
अलग ढंग से कहते हैं। उनका मतलब यह है
कि आप आदमखोर चीतों के बारे में क्या
सोचती हैं।

मिसेज़ श्नेडरमैन ः तो आप यह कह रही हैं कि ऐसे बहादुरमहाराजा
इन ज़रा ज़्यादा बड़ी बिल्लियों से डरते हैं?

महाराजा ः सचमुच इस बात में सच्चाई है। इसीलिए मैं
अपना कमरा छोड़कर यहाँ बाहर आ गया—कि
लोगों से बातचीत करूँ और आराम पाऊँ और
मिसेज़ श्नेडरमैन, क्या आप भी इसी कारण
बाहर यहाँ नहीं आई हैं?

मिसेज़ श्नेडरमैन ः *(शरमा कर हँसते हुए)* यह सच है। जब भी वह
शैतान चीता गुर्राता है, मेरी तो जान निकल
जाती है। यास्मीन डियर—तुम्हारा नाम यास्मीन
ही है न? तुम सचमुच बड़ी बहादुर लड़की हो जो

ऐसी डरावनी जगह अकेली रह रही हो। तुम्हें डर नहीं लगता?

रिसेप्शनिस्ट : बहुत लगता है। मैं नीचे आ गई कि चोबदार से बातचीत करती रहूँगी। लेकिन उसे देखिए—कैसा घोड़े बेचकर सो रहा है।

मिसेज़ श्नेडरमैन : यह तो एल्फी से भी ज़्यादा है। वो कम से कम खुर्राटे तो लेता रहता है—जिससे पता चले कि सो रहे हैं और ज़िन्दा हैं।

(चोबदार खुर्राटा लेता है)

चलो, ज़िंदा तो है। पुरुष कितने खुश्क होते हैं। ...माफ़ कीजिएगा, योर हाइनेस।

महाराजा : कोई बात नहीं, मिसेज़ श्नेडरमैन। औरतें सचमुच ज़्यादा फ़िक्र करती हैं क्योंकि उन्हें अपने बच्चों और बच्चों के बच्चों को खतरों से दूर रखने की चिंता रहती है।

मिसेज़ श्नेडरमैन : अब इस मौक़े पर नज़र डालिये। हम इस घने जंगल के बीचोबीच हैं, जो सभ्यता से न जाने कितने लाख करोड़ मील दूर है, यहाँ हम खून पीने वाले जंगली जानवरों से घिरे हैं—यहाँ आदमी तो सब सो रहे हैं और सिर्फ दो औरतें हैं जो चिंतित हैं और सोच रही हैं कि क्या किया जाए।

महाराजा : सोच नहीं रही हैं, मिसेज़ श्नेडरमैन, डर के मारे परेशान हैं।

मिसेज़ श्नेडरमैन : किसी भी तरह कह लें यह बात। लेकिन इससे

यह सोच ज़रूर पैदा होता है कि दुनिया इस हालत में क्यों है।

महाराजा : आपकी बात समझ में नहीं आई।

मिसेज़ शनेडरमैन : मेरा कहने का मतलब यह है कि अगर आप आदमी लोग दुनिया की फ़िक्र करते होते, तो इसके लिए कुछ करते भी। वहाँ वे रूसी हैं जिनके बहुत से बम आसमान में घूम रहे हैं, जिन्हें वे जहाँ भी चाहें पटक सकते हैं जिससे लाखों लोग मर जाएँगे।

महाराजा : मुझे बताया गया है कि रूस के पास जितने मिसाइल वगैरह हैं, कम से कम उतने तो आपके लोगों के पास भी हैं।

मिसेज़ शनेडरमैन : ज़रूर हैं हमारे पास। होने भी चाहिए, क्यों न हों। हम ज़िम्मेदार लोग हैं। और जो लोग हैं—रूसी और चीनी, अंग्रेज़ और फ्रेंच और कनाडियन्स और इंडियन्स भी, और अरबी लोग भी, इनमें शामिल होने वाले हैं—बैंग बैंग हुई और खेल खत्म हो जाएगा। अब आप बताएँ कि पुरुष इसके लिए क्या कर रहे हैं या करेंगे। और बम बनायेंगे?

रिसेप्शनिस्ट : कितनी अच्छी बात कही है आपने, मिसेज़ शनेडरमैन। यह तो इस तरह हुआ कि जू से चीतों के बच्चे ले आइये, उन्हें मारने-खाने की ट्रेनिंग दीजिए और फिर उन्हें शहर भर में खुले छोड़ दीजिए।

मिसेज़ शनेडरमैन : हाँ, बिल्कुल। जैसे यहाँ आदमख़ोर चीता खुला
घूम रहा है, और इस आदमी को देखिए...
(चोबदार खुर्राटे लेता है)

महाराजा : यह शान्ति से सो रहा है, क्योंकि इसे अनुभव
है। यह जानता है कि चीते ने अभी किसी को
मारा है, इसलिए अब कुछ दिन तक कुछ नहीं
करेगा।

मिसेज़ शनेडरमैन : ऐसा ही मेरा एल्फी भी है, वह भी खर्राटे ले रहा
है।

महाराजा : शायद उन्हें आदमख़ोर के बारे में पता ही नहीं
है। वह नहीं जानते कि आदमखोर हमारे कितने
पास आ गया है। जहाँ तक डर का सवाल है,
जिन्हें पता होता है और जिन्हें नहीं होता, दोनों
की हालत एक जैसी होती है। जो लोग बीच में
होते हैं, उन्हीं की हालत खराब होती है।

मिसेज़ शनेडरमैन : योर हाइनेस तो फ़िलॉसफ़र हैं।

महाराजा : मिसेज़ शनेडरमैन, मुझे ऐसा कुछ मत कहिये।
मेरा नाम विजय है—मेरे दोस्त मुझे बिज्जू कहते
हैं। मैं फिलॉसफ़र-विलॉसफर नहीं हूँ। मैं सिर्फ
यह जानता हूँ कि अगर मैं जंगल में जाऊँ और
इस आदमखोर से कहूँ कि 'मैं हिज़ हाइनेस
शामनगर का महाराजा हूँ, आप मेहरबानी
करके यहाँ से चले जाइये, तो वह चौगुने ज़ोर से
मेरी तरफ गुर्रायेगा और मैं भाग खड़ा होऊँगा।
(तभी माथुर पीछे आकर खड़े हो जाते हैं) मुझसे

ज़्यादा तो वह आज के इन असली राजा की इज़्ज़त करेगा, हमारे टूरिज़्म के डायरेक्टर साहब की।

माथुर : आप मेरे बारे में कुछ कह रहे थे?

महाराजा : यह कह रहे थे कि भारत सरकार के प्रतिनिधि के नाते क्या आप जंगल में जाकर आदमखोर को यह आज्ञा देंगे कि वह यह जगह छोड़कर कहीं और चला जाए?

माथुर : महाराजा साहब का मज़ाक अच्छा होता है।

महाराजा : माथुर साहब, सरकार ने हमें इसी लायक बना कर छोड़ दिया है।

मिसेज़ श्नेडरमैन : मि. मटूर क्या आप भी डर रहे हैं?

माथुर : डर? किसका डर? मैं तो काम कर रहा था। आप तो जानते ही हैं कि मुझे कितनी फाइलें निबटानी होती हैं और कितनी रिपोर्टें लिखनी पड़ती हैं। जब मैं स्टेशन पर होता हूँ, आधी रात से पहले सोने नहीं जा पाता। दौरे पर होता हूँ, तब भी फाइलें साथ रखता हूँ। आप लोगों की आवाज़ें सुनीं तो यह देखने चला आया कि सब ठीक तो है। आप तो जानती हैं मिसेज़ श्नेडरमैन, आप सबकी सुरक्षा की ज़िम्मेदारी मेरे ही ऊपर है।

महाराजा : हम यहाँ सुरक्षित है, मिसेज़ श्नेडरमैन। जब तक हम यहाँ मि. माथुर के होटल में हैं, इसकी चहार दीवारी के भीतर हैं, हमें कुछ नहीं होगा—यह विश्वास उन्होंने हमें दिलाया है। लेकिन उनकी

यह गारन्टी यहाँ से बाहर, यानी जंगल में, लागू नहीं होती।

माथुर : सवेरा होते ही मैं पुलिस से कहूँगा कि आदमखोर की तलाश का काम शुरू करें। हम खतरे से बिल्कुल सही ढंग से निबटेंगे। इसमें हमें आप सबकी मदद की ज़रूरत होगी—उस शिकारी की और महाराजा साहब, आपकी भी। अपने ज़माने में आपने तो कई चीते मारे होंगे।

महाराजा : माथुर साहब, एक भी नहीं मारा। उन्हें कैसे मारते हैं, यह मैं नहीं जानता, न जानना चाहता हूँ। मारने की कला मुझे पसन्द नहीं है। लेकिन आप जिस काम में भी मुझे शामिल करना चाहेंगे, उसमें मैं रहूँगा। मैं शायद डंडे चलाने वालों या 'हो-हो' करके शोर मचाने वालों में ज़्यादा सही रहूँगा।

माथुर : ठीक है, देखेंगे मेरा ख्याल है, वह अंग्रेज़ लड़का किसी काम का नहीं है।

महाराजा : मुझे नहीं लगता कि उसने कभी बच्चों की बन्दूक से ज़्यादा कुछ चलाया होगा।

मिसेज़ श्नेडरमैन : मुझे ये हिप्पी टाइप लोग एकदम नापसन्द हैं। हमारे यहाँ भी ऐसे बहुत से लड़के हैं, जो कोई काम-काज नहीं करते, ड्रग्स लेते हैं—कोई भी ज़िम्मेदारी लेने को तैयार नहीं हैं। हर चीज़ से भागते हैं।...इस दुनिया का क्या हो रहा है?

महाराजा : नाश! मिसेज़ श्नेडरमैन, यह दुनिया नाश की

तरफ़ बढ़ रही है। अगर हमारी यह दुनिया नशा करके सपने देखने वाले इन लम्बे बालों वाले हिप्पियों से आबाद हो जाएगी तो आप सोच सकते हैं कि क्या होगा।

रिसेप्शनिस्ट : सर, मि. कोनरान-स्मिथ बुरे आदमी नहीं हैं। वह सिर्फ अकेले रहना चाहते हैं जिससे शान्ति प्राप्त हो।

मिसेज़ शनेडरमैन : डियर, मैं कोई कठोर बात नहीं कहना चाहती पर पॉट पीने के लिए अकेलेपन की तलाश, यह...

महाराजा : और जो भी जहाँ भी मिले, उसके साथ सोना, यह...

माथुर : बड़ी घटिया और अनैतिक बात है।

महाराजा : और आजकल की दुनिया के लिए बहुत गलत है।

मिसेज़ शनेडरमैन : यह सब सुनने में भी अच्छा नहीं लगता—है न? लेकिन हमें बेचारे लड़के से अन्याय नहीं करना चाहिए। हो सकता है, यह उसका अपना दृष्टिकोण हो या ज़िन्दगी की फिलॉसफी हो। खैर, मैं तो जा रही हूँ, कोशिश करती हूँ, ज़रा सो लूँ।

महाराजा : मैं भी चलता हूँ। गुड नाइट।

माथुर : मेरा विचार है, हम सब सो लें जिससे कल की सैर के लिए तैयार हो जायें।

महाराजा : आराम से सोयें!

रिसेप्शनिस्ट : गुड नाइट सर। गुड नाइट, मैडम। आप लोग कमरों में पहुँच जाएँगे तो मैं लाइट बुझा दूँगी।

(रिसेप्शनिस्ट को छोड़कर वहाँ से सब लोग चले जाते हैं। वह रोशनी कम करती है, सिगरेट जलाती है और टेप-रिकॉर्डर से उलझने लगती है। ज़रा देर पीछे ले जाने के बाद कोनरान-स्मिथ की आवाज़ सुनाई देने लगती है जो गा रहा है)

Love wakes men once a life-time each
They lift their heavy lids and look
And lo what one sweet page can teach
They read with joy, then shut the book,
And some give thanks and some blaspheme
But most forget. But either way
That and the child's unheeded dream
Is all the joy of all their day.

(प्यार आदमी को ज़िन्दगी में एक बार ज़रूर जगाता है—

वह अपनी सारी पलकें खोलता और सामने देखता है,

इस एक पन्ने पर क्या-क्या मीठा-मीठा लिखा है—

सब खुशी से पढ़ते हैं, फिर किताब बंद कर देते हैं, कुछ प्रशंसा करते हैं, कुछ बुरा-भला कहतेहैं— फिर दोनों भूल-भाल जाते हैं। लेकिन दोनों ही के लिए यह अनुभव बालक के अनसोचे सपने की तरह उन्हें सारा दिन अनोखा सुख देता है)

अंक -2

दृश्य-1

~

(दूसरे दिन सबेरे)

दृश्य वही। चोबदार और रिसेप्शनिस्ट अपनी-अपनी जगह तैनात हैं–सरदार ज़मीन पर बैठा है, लड़की रजिस्टर में कुछ लिख रही है। बैरा कुर्सियाँ, मेज़ें, ऐश ट्रे वगैरह साफ़ करने में लगा है।)

चोबदार : कितनी अच्छी रात थी। आप आराम से सोये, मिस साहब जी?

रिसेप्शनिस्ट : तुम चीते की माँ से मिलने चले जाते तो ज़रूर मैं सो लेती। शार्दूल सिंह, तुम्हारे खुर्राटों की वजह से मैं नहीं सो सकी, चीते की गरज से मुझे कुछ नहीं हुआ। समझ नहीं आता, तुम इतनी हलचल के बीच कैसे सो लेते हो?

चोबदार : हम पुराने शिकारी हैं। हम जानते हैं कि चीता जब किसी को मार चुका हो तो फिर कई दिनों तक कुछ नहीं करेगा। कोई जान-बूझकर उसकी पूँछ खींचे या उस पर हमला करे तो बात और है। क्या आप यह बात जानते थे, मिस साहब जी?

रिसेप्शनिस्ट : मैं नहीं जानती। जानती होती तो भी क्या फ़र्क पड़ता? बात यह है कि हमसे थोड़ी ही दूर एक औरत मरी पड़ी है–इसलिए खतरा है। सिर्फ तुम्हारे और उस मोटे अमेरिकी साहब के अलावा और कोई सो नहीं सका।

चोबदार : *(कुछ रुककर)* मिस साहब जी, वो दाढ़ी वाला अँग्रेज़, जिसे आप पागल कहते हो वो आपके परिवार का कोई पुराना दोस्त लगता है।

रिसेप्शनिस्ट : *(सिर उठाकर उसे देखती है)* नहीं, मैंने तुम्हें बताया है कि कुछ हफ्ते पहले जब मैं एक हवाई जहाज़ की कंपनी में काम करती थी, तब उससे मिली थी। लेकिन यह क्यों पूछ रहे हो?

चोबदार : कोई बात नहीं, मिस साहब जी। मुझे लगा कि वह आपको अच्छी तरह जानता है।

रिसेप्शनिस्ट : आखिर तुम्हारा मतलब क्या है...

(मेहमान डायनिंग रूम से बातें करते हुए निकलते हैं। चोबदार खड़े होकर सेल्यूट मारता है)

मि. श्नेडरमैन : कभी इतनी नींद नहीं आई। मुझे तो इंडियन जंगल की ताज़ी हवा चाहिए। न गाड़ियों के हॉर्न...पों, पों, पों–न जहाज़ों की आसमान में घर्र घर्र...। इन पुराने जंगलों की गहरी शान्ति, सवेरे जगाने के लिए चिड़ियों का मीठा-मीठा शोर। बॉय, यही तो है ज़िन्दगी! अल्लाह इन हिज़ हेविन एण्ड आल्ज़ राइट विद दि वर्ल्ड। (अल्लाह अपनी जन्नत में है और दुनिया

ठीक-ठाक है) सिगार चाहिए किसी को? सवेरे के नाश्ते के बाद सिगार पीना सबसे बढ़िया होता है।

(*माथुर एक सिगार लेता है*)

मिसेज़ शनेडरमैन : एल्फी, तुम कितने स्वार्थी हो? अकेले तुम्हीं सोते रहे। बाकी हम सब रात भर जागे। कितना डर लग रहा था सबको, है न मि.मटूर!

माथुर : (*चोबदार की तरफ देखकर*) और यह हमारा रक्षक भी चैन से सोता रहा। चीता हम सबको खा जाता, तो भी इसकी नींद न टूटती। मिस अहमद, आप इस आदमी की रिपोर्ट कीजिए। चौकीदार के लिए इस तरह सोना ड्यूटी के सख्त खिलाफ़ है।

महाराजा : इसकी जाँच के लिए एक कमेटी बिठा दी जाए? इसके नियम और शर्तें और खतरे के सामने कैसा व्यवहार होना चाहिए, यह सब...। और मि. माथुर, आपने भी भारत सरकार के ज़िम्मेदार अधिकारी का कर्तव्य निभाया या नहीं?

माथुर : (*तीखेपन से*) मेरे व्यवहार का प्रश्न ही नहीं है, योर हाइनेस! मेरा काम यह देखना है कि किसी को कोई नुकसान न पहुँचे। इसी काम के लिए मैंने चौकीदार की नियुक्ति की है।

महाराजा : तो आपको मि. कोनरान-स्मिथ की तुरन्त गिरफ्तारी का हुक्म देना चाहिए। उसने जान-बूझकर और पूरी तैयारी करके अकेले जंगल में जाने का काम किया। इस बारे में आप क्या कहते हैं?

मि. श्नेडरमैन : *(ब्रिटिश उच्चारण की नकल करते हुए)* तुमने सचमुच यह सब किया, कोनी मेरे दोस्त। ऐसा क्यों?

कोनरान-स्मिथ : *(अमेरिकी उच्चारण की नकल करते हुए)* यह देखने के लिए कि आदमखोर मरी हुई औरत के साथ क्या करता है?

मि. श्नेडरमैन : ओह, तुम्हारा भला हो।

माथुर : मैं कहूँ, मि. कोनरान-स्मिथ यह छानबीन का बड़ा अजीब विषय है।

कोनरान-स्मिथ : आप ज़रूर यह कह सकते हैं, मि. माथुर...कह सकते हैं। लेकिन लोगों की इच्छाएँ कुछ और हो सकती हैं। आप जैसे यह चाहते होंगे कि मिनिस्ट्री में आप पहले माथुर हों जो सेक्रेटरी बनें। पर मेरी इच्छा इसके सामने बहुत मामूली है—गरजते हुए चीते की आवाज़ टेप करना। जिससे दुनिया को सुना सकूँ कि हमला करते समय चीते की आवाज़ कैसी होती है।

मि. श्नेडरमैन : तुम्हारी और इच्छाएँ भी इसी जैसी अजीब होंगी?

कोनरान-स्मिथ : इससे भी ज़्यादा अजीब, मि. श्नेडरमैन। दूसरी इच्छा यह है कि विमान के भीतर किसी औरत के साथ सोने वाला मैं पहला आदमी बनूँ।

महाराजा : बड़ी शानदार और काबिले तारीफ़ इच्छा है आपकी। लेकिन आपको ताज्जुब हो सकता है कि बहुत से जहाज़ों के खाली उड़ने के कारण

आप से पहले ही किसी न किसी कैप्टन, रेडियो इंजीनियर, स्टीवर्ड या पर्सर ने किसी अपनी जैसी एयर होस्टेस के साथ यह करतब कर दिया होगा। तीस हज़ार फीट की ऊँचाई पर औरत पर चढ़ने वाले आप पहले आदमी नहीं हो सकते।

कोनरान-स्मिथ : कोई बात नहीं, दूसरा या तीसरा होकर भी मेरी खुशी कम नहीं होगी। ज़मीन पर खड़े जहाज़ में भी एयर होस्टेस मुझे चलेगी।

मिसेज़ श्नेडरमैन : मुझे इस तरह की घटिया बातें नापसन्द हैं, खास तौर पर एक युवती के सामने ग़लत है यह।

रिसेप्शनिस्ट : आप मुझे लेकर परेशान मत होइये, मिसेज . श्नेडरमैन। मुझे तो अपने काम के दौरान इससे भी ज़्यादा सहन करना पड़ता है।

कोनरान-स्मिथ : मैं इसकी परवाह नहीं करता कि मेरे सामने औरत है या मर्द, मैं अपनी बात कह देता हूँ।

महाराजा : आज़ादी ज़िन्दाबाद अश्लील शब्दों की, आज़ादी बकवास करने की...

मि. श्नेडरमैन : आप पता नहीं क्या बातें कर रहे हैं, मैं जानना चाहता हूँ आज हम क्या करेंगे? अगर हम बाहर जंगल में जाकर जानवर नहीं देख सकते, तो ज़ू में ही उन्हें देख लेने में क्या बुराई है? हमारे शहर मिलवॉकी में बड़ा शानदार ज़ू है।

माथुर : ऐसा कुछ नहीं है, मि. श्नेडरमैन।
(रिसेप्शनिस्ट की तरफ़ मुड़कर) मिस अहमद,

ज़रा पुलिस स्टेशन फोन कीजिए और पूछिए कि दिन में जंगल जाने में कोई खतरा तो नहीं है?

रिसेप्शनिस्ट : यस, सर! *(स्विच बोर्ड दबाती है)*

माथुर : मि. श्नेडरमैन, हमारे ऋषियों ने कहा है कि डर नाम की कोई चीज़ नहीं है, वे मनुष्य की कल्पना की उपज होते हैं। हम रस्सी को साँप समझ लेते हैं और डर कर भागना शुरू कर देते हैं।

महाराजा : माथुर साहब, हमारे ऋषियों का कहना सही होगा, लेकिन अगर आप साँप की पूँछ को रस्सी समझकर उठाने लगें, तो नतीजा बहुत अच्छा नहीं होगा।

मि. श्नेडरमैन : आप इंडियन लोग जो कुछ कहते हैं, वह मेरी समझ में बिल्कुल नहीं आता।

कोनरान-स्मिथ : मि. श्नेडरमैन, सीधी-सादी बातों को उलझाकर कहने में इंडियन्स का जवाब नहीं। मेरे पिता जो इंडिया में चालीस साल तक रहे, कहते थे कि इन लोगों का दिमाग़ बोतल के ढक्कन की तरह चक्करदार होता है।

मि. श्नेडरमैन : इसी देश में यहाँ बैठकर ऐसी बातें करना अच्छा नहीं है।

माथुर : बात यह है कि ब्रिटिश लोग इंडिया और इंडियन्स से नफ़रत करते थे।

कोनरान-स्मिथ : इंडिया से नहीं, मि. माथुर—न सब इंडियन्स से। मेरे पिता—ईश्वर उनकी आत्मा को शान्ति

दे—कहते थे कि इंडिया का किसान, जो एकदम सादा सी रोटी खाता है, हमारे अधकचरे यूनिवर्सिटी-पढ़े बाबू और सिविल सर्वेन्टों से कहीं अच्छा है। सच तो यह है कि पापा बड़ी अजीब भाषा में बात करते थे—जो महिलाओं को पसन्द नहीं आएगी। वे पढ़े-लिखे इंडियन्स को 'एरोगैन्ट लिटिल बॉटम-लिकिंग वॉग्स'—जूते चाटने वाले घमण्डी 'वेस्टर्न—ओरिएन्टेड जैन्टलमैन' कहते थे।

मिसेज़ श्नेडरमैन : मि. कोनरान-स्मिथ! कितनी वाहियात बात कह रहे हैं आप! आप कैसे...

रिसेप्शनिस्ट : *(बीच में दखल देते हुए)* मैडम, सर, माफ़ कीजिएगा...पुलिस स्टेशन में बात हो रही है। उनका कहना है कि उनके पास आदमखोर चीते के बारे में कोई नई जानकारी नहीं है, लेकिन वह होटल के आस-पास ही कहीं है, और अगर आप लोग जंगल वगैरह जाना चाहें, तो ज़रूर जाएँ, लेकिन इसकी ज़िम्मेदारी आपकी ही होगी।

माथुर : *(कड़वाहट से)* कौन कहता है यह? इन्स्पेक्टर से कहो, मुझसे बात करे। उसे बताओ कि मैं कौन हूँ।

रिसेप्शनिस्ट : यस, सर। *(फोन उठाती है)*

महाराजा : नाम पूरा बताना—मि. ए. एन. माथुर। ज्वाइंट सेक्रेटरी, गवर्नमेंट ऑफ इण्डिया।

कोनरान-स्मिथ : चीते को भी बताना। शायद वह प्रभावित हो जाए।

रिसेप्शनिस्ट : सर, इन्स्पेक्टर छुट्टी पर है। वे कह रहे हैं, आज छुट्टी का दिन है।

महाराजा : क्या बात है? नए शासकों की बुद्धि से मैं चकित रह जाता हूँ। उन्होंने कितनी-कितनी छुट्टियाँ तय कर दी हैं। इतवार की छुट्टी, हर छोटे-बड़े त्यौहार की छुट्टी—इनके अलावा मंत्रियों वगैरह के मरने-जीने की छुट्टियाँ—कुल मिलाकर साल के 365 दिन दफ्तर के बाहर बीतते हैं।

कोनरान-स्मिथ : कहावत है; काम ही काम खेल का नहीं नाम जैक हो जाता है बेकाम। यह अंग्रेज़ों की देन है जो यहाँ के लोगों को बड़ी रास आती है। *(यह कहकर वह महाराजा के सामने अदब से सिर झुकाता है)*

महाराजा : *(उसी तरह सिर झुकाकर जवाब देते हैं)* तुम्हारे पूज्य माता-पिता ने यही सोचकर तुम्हें 'जैक' नाम दिया होगा।

कोनरान-स्मिथ : *(हँसते हुए)* शुक्रिया!

माथुर : जेन्टलमैन, आपके लिए यह मज़ाक की बात हो सकती है, मेरे लिए नहीं। मेरी कुछ ज़िम्मेदारियाँ हैं।

कोनरान-स्मिथ : मि. माथुर, इसी तरह हमारी भी हैं। हम यहाँ लॉबी में बैठकर गपशप करने में वक्त बर्बाद नहीं कर सकते—न मि. श्नेडरमैन के हवाना

सिगारों का धुआँ उड़ाते रह सकते हैं। हमें जंगल जाना ही चाहिए, खुद अपनी ज़िम्मेदारी पर ही सही—जैसा पुलिस ने कहा। *(उठकर खड़ा हो जाता है)*

माथुर : इसमें खतरा है, मि. कोनरान-स्मिथ।

कोनरान-स्मिथ : जानता हूँ।

मि. श्नेडरमैन : क्या आप पागल हैं?

कोनरान-स्मिथ : पागल तो सारी दुनिया ही है—बस, मैं ज़रा ज़्यादा हूँ।

मिसेज़ श्नेडरमैन : तुम कोई बड़ी अच्छी बात नहीं कह रहे।

कोनरान-स्मिथ : मिसेज़ श्नेडरमैन, मैंने कहा न, मैं अच्छा आदमी नहीं हूँ।

महाराजा : तुम तमाशा कर रहे हो।

कोनरान-स्मिथ : यह भी सही है। *(टेप-रिकॉर्डर कंधे पर लटकाता है और बाहर जाने लगता है)* अच्छा, सलाम, नमस्कार। *(मि. श्नेडरमैन की ओर मुड़कर)* बाद में मिलते हैं...मगरमच्छ साले!

रिसेप्शनिस्ट : *(उसका रास्ता रोककर खड़ी हो जाती है)* बेवकूफी मत करो, जैक।

कोनरान-स्मिथ : यानी तुम मेरा साथ चाहती हो।

रिसेप्शनिस्ट : यही सही। मैं तुम्हारा साथ चाहती हूँ। अच्छे बच्चे की तरह बैठ जाओ।

कोनरान-स्मिथ : *(कंधे सिकोड़ता है और कुर्सी पर जाकर बैठ जाता है)* अब शायद मुझे भी हवाना सिगार की ज़रूरत पड़े।

महाराजा : मि. कोनरान-स्मिथ, आप यह कहकर यूनाइटेड स्टेट्स को बड़ी इज़्ज़त बख़्श रहे हैं।

मि. श्नेडरमैन : वाह! हर कोई हम अमेरिकनों को चूसने वाला समझता है। पर मैं परवाह नहीं करता। मुझे झटककर लेने वाले शैतानों से चूसने वाला होना ज़्यादा पसन्द है। *(वह कोनरान-स्मिथ को सिगार पेश करते हैं, जो उसे लेकर ध्यान से देखता है, सूँघता है, फिर जलाता है)*

कोनरान-स्मिथ : बुरा नहीं है। अच्छा ही है।

महाराजा : आपने इसका धर्म-परिवर्तन कर लिया है, मि. श्नेडरमैन। मुझे विश्वास है कि अब मि. कोनरान-स्मिथ अमेरिकन एड प्रोग्राम के ज़बर्दस्त समर्थक हो जाएँगे।

कोनरान-स्मिथ : श्योर! और भी ज़्यादा और सब तरह की एड। भूख से मरते इंडियन्स के लिए गेहूँ और चावल; और पैसे वालों के लिए व्हिस्की, बूरबों और सिगार।

महाराजा : *(बीच में टोकते हुए)* और उनके बच्चों-कच्चों के लिए बबलगम।

मिसेज़ श्नेडरमैन : मैं कहना चाहती हूँ कि इतनी नाशुक्री की बातें मैंने कभी नहीं सुनीं।

मि. श्नेडरमैन : कोई बात नहीं, हनी। इन्हें बोलने दो। कुछ लोग यही कर सकते हैं। जब कोई उन्हें हंटर लगाता है, तब वे दौड़ते हुए इस बूढ़े-पुराने अंकिल सैम के पास ही आते हैं।...जैसा तब

हुआ था जब चीनियों ने इंडियन्स की निकरें उतार दी थीं—कब की बात है यह?

माथुर : 1962 की। लेकिन मि. श्नेडरमैन, वह हमारी पीठ में पीछे से छुरा भोंका गया था।

मि. श्नेडरमैन : कोई न कोई हमेशा किसी न किसी की पीठ में छुरा भोंकता ही रहता है, जैसे आपका यह आदमखोर चीता। धीरे से पीछे पहुँचता है, नीचे झुकता है, फिर टूट पड़ता है।

माथुर : आप ठीक कह रहे हैं। हमेशा जागते रहकर ही आज़ादी की रक्षा की जा सकती है।

महाराजा : बड़ा मौलिक विचार है, माथुर साहब। मुझे याद आ रहा है कि इसे मैंने किसी संस्कृत के ग्रंथ में पढ़ा था। अब सुना जा रहा है कि 'आक्रमण को ख़त्म करने' की कोई योजना बनाई जा रही है—सरकारी भाषा में इसी तरह कहा जाता है—जिसमें कोई बाहरी सहायता नहीं ली जा रही होती।

माथुर : *(क्रोधपूर्वक)* हमारी मातृभूमि का एक-एक इंच उन सबके लिए पवित्र है, जो इसे प्यार करते हैं।

कोनरान-स्मिथ : *(गुजराती लहज़े में)* जय हिन्द फोर दैट।

(लोगों के चीखने-चिल्लाने, बाजे बजाने और तुरहियों की आवाज़ें भीतर आ रही हैं। लोग ध्यान से सुनते हैं)

माथुर : चौकीदार, यह क्या शोर है?

(आवाज़ बढ़ती जा रही है)

चोबदार : मुझे लगता है साहब जी, लोगों को वह औरत दिख गई है। वे उसे लेने जा रहे हैं।

महाराजा : ज़रूरत है कि सब मिलकर खतरे का सामना करें।

कोनरान-स्मिथ : कौन मेरे साथ चलेगा इसके लिए? (उठकर टेप-रिकॉर्डर कंधे पर लटकाता है) और कितनी शानदार रिकॉर्डिंग होगी इसकी! सारी दुनिया आदमखोर के खिलाफ़।

महाराजा : ये लोग चीते को पकड़ने नहीं जा रहे हैं, उस औरत की लाश लेने जा रहे हैं।

मि. श्नेडरमैन : जो कुछ बचा होगा उसका। उफ़!

मिसेज़ श्नेडरमैन : कितनी भयानक बात है! अब क्या इसे भूल जाना ही ठीक नहीं रहेगा? जिसे आप प्यार करते हो, उसका आधा शरीर वापस लेने का क्या मतलब है? इसे उसके घरवाले सारी ज़िन्दगी नहीं भूल पायेंगे।

मि. श्नेडरमैन : इसके अलावा, अगर उस चीते को डिनर के लिए भी वही बचा हुआ माँस नहीं खाना हो, तो वह दूसरों पर तो हमला नहीं कर देगा?

महाराजा : मि. श्नेडरमैन, आप ठीक कह रहे हैं। उसे अब किसी और को मारने की ज़रूरत हो रही होगी।

कोनरान-स्मिथ : हममें से कोई उसे यह खाना दे सकता है। कितने मज़े की बात होगी, है न?

माथुर : मुझे ये बातें बिल्कुल पसन्द नहीं हैं। मिस अहमद, पुलिस इन्स्पेक्टर को फोन मिलाने की फिर कोशिश कीजिए।

रिसेप्शनिस्ट : करती हूँ, सर, लेकिन...

महाराजा : मेरा ख़याल है, वह इस वक्त अपने परिवार को कोई धार्मिक फिल्म दिखाने ले गया होगा। मिस अहमद, आप शहर के सिनेमाघरों में पता लगाने की कोशिश कीजिए।...और आप सब लोग आराम करें। हमें बताया गया है कि आज छुट्टी का दिन है। चीता भी सरकारी हुक्म का पालन करता है। उसने वर्किंग डे में अपना शिकार किया था। अगर आप छुट्टी के दिन उसे तंग करेंगे, तो इतवार की शाम को परेशान किए जाने वाले सरकारी अफसर के गुस्से से उसका गुस्सा कहीं ज़्यादा भयंकर हो सकता है...

माथुर : आप और मि. कोनरान-स्मिथ जैसे लोगों के लिए इस देश में कुछ भी सही नहीं है। इसकी वजह यह है कि आप जैसे राजा-महाराजाओं और इन जैसे अंग्रेज़ों की कीमत एक नए पैसे के बराबर भी नहीं है। भगवान को इसके लिए बहुत-बहुत धन्यवाद!

कोनरान-स्मिथ : आमीन!

महाराजा : आमीन—दुनिया के इस हिस्से में यही होता है।

मि. श्नेडरमैन : कैसे हैं आप सब लोग? इस वक्त हम एक ज़बर्दस्त जाल में फँस गए हैं, और आप हैं कि बातें ही करते चले जा रहे हैं। बातें, बातें, बातें...। आप लोग दुनिया के सबसे बड़े गैस-बैग लगते हैं।

महाराजा : कितनी सही बात कही आपने, मि. श्नेडरमैन। आपको पता नहीं कि इसी के साथी 'हम्बग' से ही हम सबसे ज़्यादा फॉरिन एक्सचेंज कमाते हैं और अमेरिका ही हमारा सबसे बड़ा ग्राहक है।

मि. श्नेडरमैन : मुझे आप लोगों की यह आध्यात्मिक गपड़-शपड़ और योग-शोग के करतब सब बिल्कुल बकवास लगते हैं। इनसे आप विदेशियों को अपने देश की तरफ खींचते हैं और उनसे पैसा ऐंठते हैं। आप उन्हें कहीं भी जंगल-सुनसान में किसी छोटे-मोटे छेद में बिठा देते हैं और फिर शुरू हो जाते हैं—याक्, याक्, याक्...

मिसेज़ श्नेडरमैन : अरे एल्फी, यह तुम्हें हो क्या गया है? आज सवेरे पेट साफ़ हुआ या नहीं? मुझे अपनी जीभ तो दिखाओ।

मि. श्नेडरमैन : ओह, शट अप! तुम तो मुझे पागल बना देती हो। मैं जो चाहूँगा, कहूँगा। मैं आज़ाद देश का आज़ाद सिटिज़न हूँ। सुनो, अगर यह सब यूनाइटेड स्टेट्स में हुआ होता तो मैं सिर्फ पुलिस या फ़ायर ब्रिगेड को फ़ोन कर देता, और वे मिनट भर में आदमखोर की सवारी उड़ा देते—बैंग, बैंग, बैंग—और मुझे उसकी खाल तोहफे के तौर पर दे देते, जिसका एक खूबसूरत कंबल बन जाता।

महाराजा : हाँ, बिल्कुल यही वे लोग विएतनाम में कर रहे हैं—बैंग, बैंग, डबल बैंग। लेकिन वहाँ न आदमखोर हैं, न खूबसूरत कंबल।

मि. श्नेडरमैन : फिर शुरू हो गए। यह चालाकी, और याक्
याक्। तुम इंडियन लोग इन खतरनाक कम्युनिस्टों
का कुछ क्यों नहीं करते? अगर वे जीत जाते हैं,
तो अगला नम्बर तुम्हारा ही आता है। तुम बस,
उन लोगों की निन्दा ही कर सकते हो जो तुम्हारे
ही लिए कुछ कर रहे हैं।

कोनरान-स्मिथ : कितनी सही बात कही! इंडियन लोगों को दूसरों
से अपने काम कराने में तो कमाल हासिल
है—जानते नहीं? (*गाने की आवाज़ में*)
Pick up the white man's burden. Send forth
the best ye breed.
(स्वीकार करो श्वेतों की ज़िम्मेदारी,
भेजो अपनी सर्वोत्तम संतानों को।)
किपलिंग ने साम्राज्य-निर्माताओं के लिए यह
कहा था। अब हमारा काम पूरा हो गया है, हम
आपको ज़िम्मेदारी का डंडा थमाते हैं। कम
योग्यता वाली संतानों को आपके हाथों में सौंपते
हैं। काले, भूरे, पीले—सब तरह के लोग आपके
ही हैं, आपके हवाले हैं। इन्हें अपने आप से
और दूसरे आदमख़ोरों से बचाओ।...भले ही,
इस काम में आप खुद इन्हें ही खा-पी डालो।

मि. श्नेडरमैन : इस तरह के चालाक अमेरिका-विरोध को मैं सही
नहीं मानता। जैसा बैबेट ने कहा, यह अच्छी
बात नहीं है।

कोनरान-स्मिथ : मैंने तो पहले ही मान लिया है, मैं अच्छा आदमी
बिल्कुल नहीं हूँ।

महाराजा : मैं मानता हूँ कि तुम्हारे इस विचार से सब
सहमत होंगे।

*(चीखने-चिल्लाने, ढोल-ढमाकों और तुरहियों की
आवाज़ें। वापस लौटते चीते की चिंघाड़। औरतों
का रोना-पीटना)*

माथुर : चौकीदार, ये क्यों रो रही हैं?

चोबदार : साहब, बहुत बुरा हुआ। लगता है, इन्हें उस
औरत की लाश मिल गई है।

माथुर : इससे बुरा क्या हुआ?

चोबदार : साहब, समझने की बात है। वह चीता जब
भूखा होगा तो फिर से किसी को मार डालेगा।

अंक -3

दृश्य-1

~

लोहे का फाटक बन्द है। परदा उठता है तब रिसेप्शनिस्ट मेज़ पर झुकी काम करती दिखाई देती है। कोनरान-स्मिथ प्रवेश करता है।)

कोनरान-स्मिथ : मुझे तो यकीन ही नहीं हो रहा। अकेला, खूब मीठा शिकार बहुत भूखे ब्रिटिश शेर के सामने मौजूद है। और वो घनी दाढ़ी और बालों वाला शिकारी भी अपनी मचान से गायब है।

रिसेप्शनिस्ट : शार्दूल सिंह गाँव गया है लोगों को इकट्ठा करने। उसका ख़याल है कि अगर सब मिलकर चीते को बाहर ले आयें तो वह उसे गोली मार देगा।

कोनरान-स्मिथ : ग़दर के ज़माने की पुरानी-धुरानी बन्दूक से? गधा है वह।

रिसेप्शनिस्ट : तुम इन सिखों को नहीं जानते। दिमाग़ में एक बात बैठ जाए, तो उसे निकालना बहुत मुश्किल होता है।

कोनरान-स्मिथ : मेरा ख़याल है, अपने ब्राउन बड़े साहब के

सामने पड़ने से उसके लिए आदमख़ोर का सामना करना ज़्यादा आसान होगा।

रिसेप्शनिस्ट : जो कर रहा है, करने दो उसे। दूसरों के बारे में तो यह भी नहीं कहा जा सकता—सामने खड़े तुमको मिलाकर।

कोनरान-स्मिथ : तुम हमसे क्या करने की उम्मीद करती हो? कि दुर्गा माँ की सवारी चीते साहब को अपनी बलि चढ़ा दें? तुम तो रोम के पैगनों की तरह बात कर रही हो जो ईसाइयों पर जंगली जानवर छोड़ देते थे और उन्हें खाते देखकर खुश होते थे। लेकिन मैं ईसाई नहीं हूँ। मैं तुम्हें देखने के लिए यह शैतानी सुख नहीं दे सकता। मुझे अभी बहुत जीना और भोगना है—जिनमें से एक तुम भी हो।

रिसेप्शनिस्ट : सभी अपने ज़िंदा बने रहने का कोई-न-कोई बहाना ढूँढ़ लेते हैं।

कोनरॉन-स्मिथ : तीन घंटे के भीतर ही कितना कुछ बदल गया लग रहा है? कल रात को ही जब मैंने आदम खोर के जबड़ों में घुसने का फ़ैसला किया था, एक स्वर्ग की परी मेरा रास्ता रोककर खड़ी हो गई थी। तब मैंने कहा, ‘यही तो जीवन की देवी है...यह मुझसे कह रही है कि जिओ और प्यार करो।’ वही परी अब मुझे नाश के रास्ते पर भेज रही है। ज़रूर यह मृत्यु की देवी होगी। तो फिर यही हो!

रिसेप्शनिस्ट : शट अप! मेरा यह कोई मतलब नहीं है—और
तुम यह बात जानते हो। मैं सिर्फ यह कह रही
हूँ कि हम सभी खतरे से घिरे हैं। इसके लिए
कोई क्या कर रहा है? एक अपढ़ रिटायर्ड
सिपाही ही कुछ करने गया है। न श्नेडरमैन, न
महाराजा, न माथुर—और न श्री जैक कोनरान-
स्मिथ साहब।

कोनरान-स्मिथ : कैसा मज़बूत मुकदमा है। लेकिन ये सब लोग हैं
कहाँ?

रिसेप्शनिस्ट : माथुर तो ज़रा देर पहले यहीं बैठे थे। जब
श्नेडरमैन मियाँ-बीवी ने सोडा और बर्फ की माँग
भेजी, तो वे भी कमरे में चले गए।

(घंटी बजाती है)

कोनरान-स्मिथ : थके-माँदे इंडियन सिविलियन का साथ देने के
लिए न कोई अमेरिकी, न मुफ्त स्कॉच या
बूरबों...यह क्या है?

(बैरा आता है)

रिसेप्शनिस्ट : बर्फ और दो सोडा बड़े साहब के कमरे में दे
आओ। *(बैरा सिर हिलाकर चला जाता है।)*
अब उसे इंडियन ह्विस्की ही पीनी होगी। बेचारा!

कोनरान-स्मिथ : एकदम वाहियात चीज़ है। मैं इंडियन ह्विस्की
पीकर धुत होने के बजाय गंगाजी का जल पीकर
दस्त करने लगना ज़्यादा पसन्द करूँगा।

रिसेप्शनिस्ट : किसी भी अंग्रेज़ को ज़रा सा भी खुरचो, भीतर
से इंडिया से नफरत करने वाला ही निकलेगा।

हमारी कई शराबें विदेशी शराबों के बराबर ही हैं—बस, उन्हें ज़रा और मेच्योर होने की ज़रूरत होती है। मुझे यकीन है कि कुछ ही सालों में हमारी व्हिस्की स्कॉटलैंड की व्हिस्की का मुकाबला करने लगेगी।

कोनरान-स्मिथ : इसके लिए जय हिन्द! किसी भी इंडियन को ज़रा-सा खुरचो और उसके नीचे मेज़ थपथपाता देशभक्त निकलेगा। तुम अपने बॉस की तरह बात करने लगी हो। *(माथुर की नकल करते हुए)* पाँचवीं पंचवर्षीय योजना में हम शराब की ऐसी भट्टी बनाने जा रहे हैं जिसमें तत्काल मेच्योर हो जाने वाली व्हिस्की बनकर निकलेगी। उसका सिर्फ निर्यात किया जाएगा क्योंकि हमारे देश की परम्परा में शराब पीना हराम है।

(बैरा सोडा और बर्फ की ट्रे लेकर वहाँ से गुज़रता है)

कोनरान-स्मिथ : बैरा, एक मिनट रुकना। *(वह 'ड्राई डे' का बोर्ड ट्रे में रख देता है)* बड़ा साहब को बोलना कि 'यह राष्ट्रपिता गाँधीजी की आपको भेंट है।'

रिसेप्शनिस्ट : नहीं, नहीं, बैरा। वह बोर्ड मेज़ पर वापस रख दो। **(वह रख देता है)** तुम मुझे नौकरी से निकलवाना चाहते हो? मुझे पता है, माथुर साहब को मज़ाक सहने की बीमारी नहीं है।

कोनरान-स्मिथ : अब तुम अंग्रेज़ों की तरह बात कर रही हो। बैरा, बड़ा साहब को बोलना कि अमेरिका वाले साहब और मेम साहब ने आपको अपने कमरे में

शराब की दावत दी है। *(रिसेप्शनिस्ट की तरफ़ देखकर)* मैं यह बर्दाश्त नहीं कर सकता कि कोई सिविल सर्वेण्ट प्यासा रह जाए। इससे फ़ायदा होगा कि वे कुछ समय और हमसे दूर रहेंगे। और बैरा, महाराजा साहब के लिए एक गिलास आम का रस ले जाना। इसका पैसा मैं दूँगा। *(बैरा सिर हिलाता है और रस लाने चला जाता है)* अब कुछ क्षण हमें अपने लिए मिल जाएँगे।

रिसेप्शनिस्ट : यह प्यार का महान मसीहा ज़्यादा लोगों को बर्दाश्त नहीं कर सकता, क्यों?

कोनरान-स्मिथ : मैं उन लोगों से सख्त नफ़रत करता हूँ जो मुझ जैसे लोगों से नफ़रत करते हैं।

रिसेप्शनिस्ट : इसमें खास बात क्या हुई? ज़्यादातर लोग यही करते हैं।

कोनरान-स्मिथ : 'नफ़रत' ज़रा ज़्यादा सख्त शब्द है। दरअसल, मैं किसी से भी नफ़रत नहीं करता। बस, कुछ तरह के लोगों को बर्दाश्त नहीं कर पाता, जैसे शनेडर मैन जैसे बोर, महाराजा जैसे चुहलबाज़, और माथुर जैसे घमंडी। दुनिया भर की यास्मीनों से मुझे ज़रा भी परहेज़ नहीं है।

रिसेप्शनिस्ट : *(सिर झुकाकर)* आदाब, इस इज़्ज़त-अफ़ज़ाई के लिए, जनाब कोनरान-स्मिथ साहब!

कोनरान-स्मिथ : *(सिर झुकाकर, हाँ-हाँ वाली विशेष आवाज़ में)* मैडम, इसके अलावा जिसे आप चाहते हों, उसका साथ माँगना दूसरों से नफ़रत करना नहीं

होता। *(कुछ देर चुप्पी। कोनरान-स्मिथ अपना पाइप जलाता है)*

रिसेप्शनिस्ट : जैक, जो कविता तुमने टेप पर कही थी—समझ गए न कौन-सी—जिसमें प्यार हर किसी को एक दफ़ा जगाता है!

कोनरान-स्मिथ : ओह याह्! वह किसकी है, यह मुझे याद नहीं है।

रिसेप्शनिस्ट : अच्छी कविता है। लेकिन उसमें सच्चाई नहीं लगती। क्या कहते हो?

कोनरान-स्मिथ : ठीक बात है। इन वाहियात ज़िन्दगियों में प्यार आदमी को कई बार जगाता है। लोग हमेशा प्यार करते और छोड़ते रहते हैं।

रिसेप्शनिस्ट : मेरा भी यही ख़याल है। मैं सोचती हूँ कि शायर किसी और तरह के प्यार की बात तो नहीं कर रहा?

कोनरान-स्मिथ : क्या मतलब है तुम्हारा, किसी और तरह के प्यार से?

रिसेप्शनिस्ट : मैं नहीं जानती। यही सोचती हूँ कि शायर औरत और मर्द के प्यार के अलावा किसी और के प्यार की बात करता होगा। शायद वह किसी ऊँचे और बहुत गहरे प्यार की बात कर रहा हो, किसी दूसरी दुनिया के लिए जिससे ज़िन्दगी को एक नया रास्ता मिले, जिसके बिना इस ज़िन्दगी का न कोई मतलब होता है, न कोई रास्ता।

कोनरान-स्मिथ : फिजूल की बात है।

रिसेप्शनिस्ट : क्या कहा?

कोनरान-स्मिथ : वाहियात, बकवास, बेमतलब उठापटक, बच्चों का तमाशा—सब एक ही बात है। ऐसी चीज़ जिससे कुछ हासिल नहीं होता।

(गाँव वालों की आवाज़ें सुनाई देती हैं, सब एक साथ कुछ-न-कुछ कह रहे हैं। शार्दूल सिंह उन्हें इन्तज़ार करने को कहता है।)

कोनरान-स्मिथ : ये आ रहे हैं हमारे रक्षक, विष्णुजी के लंबे बालों वाले अवतार। इनसे इनकी भाषा में इस तरह पूछिये, जो इन्हें समझ में आ सके, कि आदमखोर चीते महाराज की शैतानी हरकतों से हमारी रक्षा करने के लिए क्या इन्तज़ाम किए गए हैं?

रिसेप्शनिस्ट : शार्दूल सिंह, इन गाँव वालों के साथ तुम्हें कोई सफलता मिली?

चोबदार : *(सिर हिलाते हुए)* नहीं मिस साहब जी। ये लोग कुछ भी नहीं जानते। आपको पता है कि जब ये लोग उस औरत की लाश लेने के लिए गए तो एक आदमी ने चीते को तीर मार दिया। आप तो जानते ही हो कि घायल चीता कितना खतरनाक हो जाता है। अब ये घबराए हुए पंचायत घर में जमा हो रहे हैं, इधर-उधर आग जला रहे हैं, ढोल बजा रहे हैं और चिल्ला-चिल्लाकर उसे भगाने की कोशिश कर रहे हैं। मैं जब गाँव के बड़े-बुज़ुर्गों के साथ वहाँ पहुँचा तो वे लोग मुझे ही गालियाँ देने लगे। जानते हो, वे लोग कह रहे

थे कि उन्होंने एक ज़िन्दगी कुर्बान कर दी है। अब होटल के बड़े साहब की बारी है। मिस साहब जी, अब बताओ कि हमें क्या करना चाहिए?

(रोशनी हल्की पड़ने लगती है)

रिसेप्शनिस्ट : शार्दूल सिंह, इनका यह मतलब नहीं हो सकता। कुर्बानी की बात मेरी समझ में नहीं आती।

चोबदार : मिस साहब जी, आप ठीक कहते हो। ये लोग बेवजह बात का बतंगड़ बना रहे हैं। इनका मतलब सिर्फ यह होगा कि साहब लोग इनकी मदद करें। इसीलिए ये लोग यहाँ हमारे साथ आए हैं।

कोनरान-स्मिथ : मेरी हिन्दुस्तानी बहुत अच्छी नहीं है। लेकिन क्या यह यही चाहते हैं कि हममें से कोई आगे बढ़े और घायल आदमखोर को मार गिराये?

रिसेप्शनिस्ट : शायद सभी यह चाहते हैं। अगर बड़े साहब लोग आगे बढ़ें तो ये पीछे चलने को तैयार हैं।

कोनरान-स्मिथ : बिल्कुल बकवास है, ऐसा कैसे हो सकता है?

रिसेप्शनिस्ट : *(रुककर)* तो जैक, क्या मैं इनसे यह कह दूँ कि अपने घर जाएँ और अपनी रक्षा खुद करें?

कोनरान-स्मिथ : इस सवाल पर होटल वाइल्ड लाइफ़ की पार्लियामेंट में विचार क्यों न किया जाए?

रिसेप्शनिस्ट : शार्दूल सिंह, गाँववालों से कहो कि इन्तज़ार करें। साहब लोग वक्त निकालकर इनसे बात करेंगे।

चोबदार : बहुत अच्छा, मिस साहब।

(जंगल की आवाज़ें धीरे-धीरे खत्म होती हैं। चीते की चिंघाड़ पहले दूर से सुनाई देती है, फिर पास आती जाती है।)

दृश्य-2
~

(उसी रात डिनर के बाद।)

दृश्य वही। लैंप जल रहे हैं। एक कोने में चोबदार की कुर्सी के बगल में चार ग्रामीण गुड़ी-मुड़ी होकर बैठे हुए हैं। रिसेप्शनिस्ट अपनी मेज़ पर बैठी है।

जंगल से ढोल-ढमाकों की आवाज़ आती रहती है। मेहमान डायनिंग रूम से बाहर आते हैं। उनके आगे माथुर और श्नेडरमैन हैं, दोनों सिगार पी रहे हैं। श्नेडरमैन के हाथ में कोन्याक की बोतल है। आगे बढ़ते हुए वे ज़रा देर रुकते हैं।)

माथुर : मि. श्नेडरमैन, आपको गीता ज़रूर पढ़नी चाहिए। मेरा ख़याल है, हर आदमी को गीता पढ़नी चाहिए। इसमें निष्काम कर्म की फिलॉसफ़ी बताई गई है।

मि. श्नेडरमैन : किसकी फ़िलॉसफ़ी?

माथुर : निष्काम कर्म की। इसका मतलब यह है कि मनुष्य पूरी तरह अपना कर्त्तव्य करे, लेकिन उसके नतीजे की बात न सोचे।

कोनरान-स्मिथ : जैसे परिवार-नियोजन की मशीन। डट कर करो, पर नतीजे को छोड़ दो।

मि. श्नेडरमैन : जब कोई अपने धर्म की किताब के बारे में बता रहा हो, तब ऐसी बातें करना छिछोरापन है। तुम्हें किसी धर्म के लिए कोई इज़्ज़त नहीं है?

कोनरान-स्मिथ : नहीं, एक भी नहीं। लेकिन मैं आपकी भावनाओं को ठेस पहुँचाना नहीं चाहता था। मि. माथुर, मि. श्नेडरमैन को गीता के बारे में बताइये।

माथुर : मि. कोनरान-स्मिथ, आप हर बात का मज़ाक उड़ाते हैं। आपको गीता ज़रूर पढ़नी चाहिए, इससे आपके विचार एकदम बदल सकते हैं।

कोनरान-स्मिथ : मैं अपने विचार बदलना ही नहीं चाहता। आदमी को एक ही ज़िन्दगी मिलती है। मैं उस ज़िन्दगी को पूरी तरह जी लेना चाहता हूँ, और किसी भी पैगम्बर, पीर-फ़कीर, मसीहा, गुरु या किसी भी धर्म की किसी भी किताब में चाहे जो कुछ लिखा हो, मैं अपने विचार बदलना नहीं चाहता। मेरे अपने विचार एकदम ठोस और पक्के हैं।

माथुर : यह सही है कि आदमी को एक ही ज़िन्दगी मिलती है—और वह मरता भी एक ही बार है। गीता हमें यही बताती है कि अपने कर्त्तव्य करते हुए हमें किस तरह मरना चाहिए।

(दूसरे लोग भी डायनिंग रूम से बाहर आते हैं।)

मि. श्नेडरमैन : मुझे यह सब ऊँचे दर्जे की बातें समझ नहीं आ रहीं। अब हमें कॉफ़ी और कोन्याक लेना चाहिए। मिस अहमद, आप बैरे से कहेंगी कि वह कॉफ़ी लाये तो साथ में ब्रांडी के गिलास भी ले आए।

रिसेप्शनिस्ट : ज़रूर, सर! (*घंटी बजाती है*)

माथुर : (*गाँववालों को देखकर, जो उठकर सलाम करते हैं*) चौकीदार, ये लोग कौन हैं? होटल में इनका क्या काम है?

रिसेप्शनिस्ट : (*बीच में दखल देती है*) सर, ये लोग बाडी गाँव से आए हैं जहाँ वह औरत मारी गई थी। ये मदद माँगने आए हैं। बहुत डरे हुए हैं, इसलिए मैंने इन्हें गेट से भीतर बिठा लिया, कि आपसे बात हो सके।

माथुर : इसमें मैं क्या कर सकता हूँ? वहाँ जाऊँ और चीते को हाथों से पकड़ कर मार डालूँ?

महाराजा : मेरा ख़याल है, मैंने अभी किसी को यह कहते हुए सुना कि आदमी एक ही दफ़ा मरता है, और अपना कर्त्तव्य करते हुए किस तरह उसे मर जाना चाहिए—लेकिन अब लग रहा है कि कुछ लोग दूसरों को उपदेश देना ही अपना काम मानते हैं।

माथुर : यह भी लगता है कि कुछ लोगों का काम बाकी सब लोगों की हँसी उड़ाना ही होता है।

मिसेज़ श्नेडरमैन : नाउ, नाउ, नाउ...मैं चाहती हूँ कि आप लोग एक-दूसरे को ताने मारना बन्द करें।

(*बैरा काफ़ी की ट्रे और ब्रांडी के गिलास लेकर आता है।*)

मिसेज़ श्नेडरमैन : अब ज़रा शान्ति से कॉफ़ी पीते हैं। यास्मीन डियर, तुम सर्व कर दोगी, मेरा मन नहीं कर रहा।

रिसेप्शनिस्ट : ज़रूर, मैडम। आप ठीक तो हैं?

मिसेज़ श्नेडरमैन : ठीक ही हूँ, बस, ज़रा थकान-सी है। नर्वस, यू नो! ये सब आदमखोर और मौत की बातें। और पिछले चौबीस घंटे से मैं सोई भी नहीं हूँ। मेरा ख़याल है कि मेरे एल्फ़ी के अलावा और कोई भी नहीं सोया है।

मि. श्नेडरमैन : *(ब्रांडी की बोतल ऊपर उठाकर)* कोन्याक किसे चाहिए।

माथुर : यह बहुत बढ़िया ब्रांडी है। आप इसके कन्नोसियार[1] लगते हैं।

मि. श्नेडरमैन : क्या लगते हैं?

महाराजा : कन्नोसियार, मतलब इसकी गुणवत्ता के जानकार।

मि. श्नेडरमैन : मैं यह सब तो नहीं हूँ, हाँ, अच्छी और बुरी ब्रांडी में फ़र्क ज़रूर कर लेता हूँ। *(माथुर के लिए उड़ेलता है)* महाराजा, आप अपना दिमाग़ नहीं बदलेंगे? यह बहुत अच्छी है!

महाराजा : ठीक है, ज़रा-सी लेता हूँ। *(गिलास आगे बढ़ाता है)* थैंक यू, मि. श्नेडरमैन।

मि. श्नेडरमैन : और आप, मि. स्मिथ ?

कोनरान-स्मिथ : मैं पूरी खुराक लेना चाहूँगा।

मि. श्नेडरमैन : *(उसके गिलास में ढेर सारी डालता है)* ये सब सख़्त बातें कहने के बाद, मेरा ख़याल है तुम अब ताज़ा हो जाओगे। मैं भी अपनी तहज़ीब भूलगया

---

1. Connoisseur—गुणवत्ता का जानकार।

था, लेडीज़ मुझे माफ़ करें—और आपकी भी अंगूरी से सेवा करूँ? दो-चार बूँदों से किसी को नुकसान नहीं पहुँचेगा।

मिसेज़ श्नेडरमैन : मुझे थोड़ी-सी चलेगी। यास्मीन, अब तुम भी साथ दो।

रिसेप्शनिस्ट : थैंक यू, मिसेज़ श्नेडरमैन। मुझे सिर्फ बूँद भर दीजियेगा—छोटी-से-छोटी बूँद।

मि. श्नेडरमैन : *(सबको ब्रांडी सर्व करके गिलास ऊपर उठाते हैं)* पता नहीं, हम क्या सेलिब्रेट कर रहे हैं? मेरा ख़याल है, हम सब पीने के मूड में हैं। चियर अप एवरी बडी!

(कोनरान-स्मिथ को छोड़कर और सब अपने गिलास उनसे टकराते हैं)

कोनरान-स्मिथ : मैं बताऊँ, सब पीने के मूड में क्यों हैं? वी आर इन ए ब्लडी फंक!

मि. श्नेडरमैन : ब्लडी क्या?

कोनरान-स्मिथ : फंक! आप नहीं जानते कि 'ब्लू फंक' में होने का क्या मतलब है? यह कि हम डरे हुए हैं।

मि. श्नेडरमैन : *(ब्रिटिश उच्चारण में)* बूढ़े आदमी, सिर्फ अपनी बात करो।

कोनरान-स्मिथ : मुझे 'बूढ़ा आदमी' मत कहो। मैं जानता हूँ कि मैं डरा हुआ हूँ। नहीं तो मैं यह सड़े हुए अंगूरों का वाहियात पानी नहीं पीता। मेरा जाम आदमखोर के नाम! *(अपना गिलास गटक जाता है और दूसरे के लिए उसे आगे बढ़ाता है)*

महाराजा : यह इसकी कृतज्ञता का सबूत है। मैं समझता हूँ कि अंग्रेज़ जाति के लोग वक्त के मुताबिक व्यवहार करने वाले होते थे, संकट के समय में धैर्यवान और साहसी इस्पात की तरह मजबूत... वगैरह, वगैरह।

माथुर : डर की तो कोई बात ही नहीं हैं। इस होटल में हम पूरी तरह सुरक्षित हैं। अपने कमरों के दरवाज़े और खिड़कियाँ बन्द रखें, तो जंगल की कोई आवाज़ सुनाई नहीं देगी।

कोनरान-स्मिथ : और न गाँव वालों का रोना सुनाई देगा। हम दुनिया को अपने से अलग कर देंगे और पी कर धुत्त हो जाएँगे—लेकिन यह बेवकूफ दुनिया हमें चैन नहीं लेने देगी। इन गाँववालों के बारे में आपका क्या कहना है?

मि. श्नेडरमैन : मैं क्या जानूँ! यह न तो मेरा देश है, और मेरा ख़याल है कि हमारा यह काम भी नहीं है। हम यहाँ मेहमान भर हैं, और क्या! *(नेहरूजी के पोस्टर की तरफ इशारा करके उसे पढ़ता है)* विदेशी यात्री हमारे माननीय मेहमान हैं। तो आप अपने मेहमानों से यह आशा क्यों करते हैं कि वे आपकी समस्याएँ सुलझायें? ठीक है न?

कोनरान-स्मिथ : मुझ पर भी यही बात लागू होती है। पहले हम शासक थे, अब माननीय मेहमान भी नहीं रहे। मेरा ख़याल है, ये गाँव वाले यह नहीं समझेंगे कि अमेरिकी और अंग्रेज़ होने से हमें इनकी

मदद क्यों नहीं करनी चाहिए। दरअसल, इन्हें अपने देशवासियों से ही ज़रा ज़्यादा समझदारी की उम्मीद करनी होगी?

(मि. श्नेडरमैन अपना गिलास भरते हैं और सबके सामने उसे ऊपर उठाते हैं। सब इसका जवाब देते हैं। पीते हैं, और शान्ति से सिगरेट सुलगाकर कुछ देर शान्त रहते हैं।)

मि. श्नेडरमैन : वैल!

कोनरान-स्मिथ : वैल क्या?

मि. श्नेडरमैन : मि. गवर्नमेंट ऑफ इंडिया, इन लोगों की मदद करने के लिए आप लोग क्या कर रहे हैं?

माथुर : इस स्थिति में मैं या कोई सरकार क्या कर सकती है? होटल में हम एकदम सुरक्षित हैं और गाँव वालों ने अपनी रक्षा अपने आप करने का पूरा प्रबन्ध कर लिया है। कल मैं बन्दूकों से लैस पुलिस भिजवा दूँगा जो गाँव में तैनात की जाएगी और लोगों में आत्मविश्वास पैदा करेगी। इस वक्त किसी को कुछ करने की ज़रूरत नहीं है।

महाराजा : याद रखिये, यह सरकारी छुट्टी है, जो ज्वाइंट सेक्रेटरी ही नहीं, सशस्त्र पुलिस के लिए भी लागू होता है। सिर्फ मौत है जो कभी छुट्टी नहीं करती।

माथुर : (क्रोधपूर्वक) आपने सरकार की और खुद मेरी आलोचना करने के अलावा और कुछ नहीं

किया। सिर्फ मज़ाक ही उड़ाया है। अब आपकी कोई ज़िम्मेदारी नहीं रही? दरअसल, आपने और आपके वर्ग के लोगों ने आज तक शराबें पीने, औरतबाज़ी करने और शेर-चीते, भालू मारने के अलावा और किया भी क्या है? अब आप बाहर निकलकर एक और चीते को क्यों नहीं मार गिराते, और उसकी खाल को अपनी दीवाल पर टाँग लेते?

महाराजा : माथुर साहब, आपको अपना आपा खोने की ज़रूरत नहीं है। मैं इससे इनकार नहीं करता कि मेरे तबके के लोगों ने पीने-पाने की कलायें, औरतों के साथ मज़ा करने में और खतरनाक जानवरों को ख़त्म करने में खास महारत हासिल की थी—लेकिन, जैसा मैं पहले ही आप को बता चुका हूँ, मैंने अपनी इस थाती को अपने से एकदम अलग कर दिया है। मैं किसी दबाव से अपने को मुक्त कराने के लिए ही कभी-कभार पी लेता हूँ, सेहत बढ़ाने के लिए मैं औरत का साथ नहीं करता; और मैं इतना शान्ति प्रेमी हूँ कि कैमरे पर किसी को शूट करने से भी इनकार कर देता हूँ। दरअसल, यह तो आपका ही काम है। आप यहाँ के सबसे बड़े अफसर हैं। होटल को देखना आपकी ज़िम्मेदारी है। हमारी ज़िन्दगी, सुरक्षा और इन गाँव के लोगों की रक्षा करने का काम भी आपका ही है।

कोनरान-स्मिथ : अंग्रेज़ी में इसे 'पासिंग दि बक' कहते हैं।

महाराजा : इस कला में आपके लोगों ने ही चार चाँद लगाये थे। और कोनरान-स्मिथ साहब, आप में भी यह गुण पूरी तरह निखरकर आया है। दुनिया के लोगों को जो भी छोटी-बड़ी समस्याएँ परेशान करती हैं, उनसे आपके प्यार-मुहब्बत और फूल-पत्तियों के खयाली पुलाव पकाने-खाने में कोई रुकावट नहीं आती।

मि. शनेडरमैन : जैन्टलमैन, जैन्टलमैन, अपने ऊपर काबू रखिये, अपने सिर कंधों पर जहाँ है वहीं लगाये रखिये। *(गिलासों में और कोन्याक उड़ेलता है)* अब हम शान्ति, सद्भावना और समझदारी के लिए जाम लें। *(कोनरान-स्मिथ को छोड़कर और सब गिलास उठाकर पीते हैं)*

कोनरान-स्मिथ : आपने बात गलत क्रम में कही। पहले समझदारी फिर सद्भावना, और सबसे अन्त में शान्ति आना चाहिए। *(फिर सबके गिलास भरता है)* अब हम सही क्रम से इनके लिए दोबारा पियें।

सब : समझदारी, सद्भावना और शान्ति के नाम।

कोनरान-स्मिथ : हल्लेलुजा।

माथुर : क्या?

कोनरान-स्मिथ : हल्लेलुजा का मतलब है, श्री भगवान की जय!

माथुर : मेरा तो ख़याल था कि आप भगवान में विश्वास ही नहीं करते।

कोनरान-स्मिथ : हाँ, नहीं करता। लेकिन मुझे इस नारे की आवाज़ पसन्द है। बहुत भरी-पूरी आवाज़ है, पूरे मुँह से निकलने वाली, जैसे मेसोपोटामिया, या छाटानूगा या सस्कातून, या मारवाड़-मंडवा। इंडिया का मेरा प्रिय शब्द 'बंदर' भगवान का नाम है, वीर बजरंग बली। तो उसके लिए पीते हैं।

सब : यह जाम वीर बजरंग बली के नाम।

महाराजा : शायद आप लोगों को पता न हो, इसलिए बताता हूँ : वीर बजरंग आपके यहाँ के सुपरमैन का पर्याय हैं। वे पूरा पहाड़ अपने कंधे पर उठाकर उड़े जिससे लक्ष्मण और राम की ज़िन्दगी बचाने के लिए उस पर लगी जड़ी-बूटी का इस्तेमाल किया जा सके।

मि. श्नेडरमैन : यह सुनने में बड़ा अच्छा लगता है। तो एक और जाम हो जाए उनके लिए—क्या नाम...खैर, जो भी हो...*(गिलासों में कोन्याक डालता है)*

सब : वीर बजरंग बली की जय!

मिसेज़ श्नेडरमैन : मेरा ख़याल है, हम सब काफ़ी पी चुके हैं और मैं समझती हूँ कि कोई अपने कमरे में अकेले नहीं रहना चाहता होगा। इसलिए हम सब यहीं बैठकर रिलैक्स क्यों न करें और एक दूसरे को कम्पनी दें?

कोनरान-स्मिथ : जॉली गुड आइडिया! चाहें तो मिस अहमद रेडियो पर कोई सितार की धुन लगा दें।

(लोग आराम से बैठ जाने के लिए कुर्सियाँ ठीक करने लगते हैं। रिसेप्शनिस्ट अपने ट्रांज़िस्टर को घुमाने लगती है।)

महाराजा : संगीत न बज पाए तो माथुर साहब हमें पंचवर्षीय योजनाओं के बारे में जानकारी दे सकते हैं–उससे हमें ज़रूर नींद आ जाएगी।

(सब हँसते हैं–फिर पीते हैं)

(रिसेप्शनिस्ट सितार संगीत का स्टेशन ढूँढ़कर लगा देती है और ट्रांज़िस्टर मेज़ पर रख देती है।)

रिसेप्शनिस्ट : वाह, एकदम साइकेडेलिक संगीत आ रहा है।... तो इन गाँव वालों से क्या कहें?

माथुर : कुछ नहीं। इन्तज़ार करें, और वे तो गहरी नींद में सो रहे हैं।

(रिसेप्शनिस्ट लैंप की रोशनी कम करती है और अपने लिए एक आराम कुर्सी ढूँढ़ लेती है। मेहमान एक-एक करके नींद में लुढ़कते चले जाते हैं। जंगल की आवाज़ें सुनाई देने लगती हैं।

(यह दृश्य एक मिनट या कुछ ज़्यादा समय तक बना रहता है। फिर कोनरान-स्मिथ उठता है और देखता है कि सब सो चुके हैं या नहीं। फिर दबे पाँव चोबदार के पास जाता है, उसके हाथ से बन्दूक ले लेता है और फाटक खोलकर बाहर निकल जाता है।

एक और मिनट के बाद चीते की आवाज़ तेज़ होने

लगती है और होटल के पास आती चली जाती है। मेहमान चौंककर उठने लगते हैं और चारों तरफ देखते हैं। एक ज़बर्दस्त शोर होता है, जैसे चीता हमला करने को उछला हो। फिर बन्दूक चलती है।)

❑❑❑

'राजपाल एण्ड सन्ज़' की स्थापना एक शताब्दी पूर्व 1912 में लाहौर में हुई। आरंभिक दिनों में अधिकतर धार्मिक, सामाजिक और देश-प्रेम की पुस्तकें ही प्रकाशित होती थीं। हिन्दी के अतिरिक्त अंग्रेज़ी, उर्दू और पंजाबी भाषा में भी पुस्तकें प्रकाशित की जाती थीं।

1947 में भारत-विभाजन के बाद 'राजपाल एण्ड सन्ज़' को नए सिरे से दिल्ली में स्थापित किया गया। और साहित्यिक पुस्तकों के प्रकाशन का आरम्भ हुआ । दिनकर, महादेवी वर्मा, बच्चन, अज्ञेय, शिवानी, आचार्य चतुरसेन, विष्णु प्रभाकर, राजेन्द्र यादव, मोहन राकेश, रांगेय राघव, कमलेश्वर और अन्य साहित्यिक सितारे यहाँ से प्रकाशित हुए। 'राजपाल एण्ड सन्ज़' से प्रकाशित 'मधुशाला', 'कुरुक्षेत्र', 'मानस का हंस' ,'आवारा मसीहा', 'कितने पाकिस्तान', 'आषाढ़ का एक दिन' जैसी पुस्तकें हिन्दी साहित्य की 'क्लासिक' पुस्तकें मानी जाती हैं और आज भी लोकप्रियता के शिखर पर हैं। भारत के राष्ट्रपतियों और प्रधानमंत्रियों की पुस्तकें प्रकाशन करने का गौरव भी 'राजपाल एण्ड सन्ज़' को प्राप्त है। नोबेल पुरस्कार सम्मानित अर्थशास्त्री डा. अमर्त्य सेन की सभी पुस्तकों के हिन्दी अनुवाद यहाँ से प्रकाशित हैं। अंतरराष्ट्रीय चर्चित पुस्तकों के अनुवाद, विश्वविख्यात कोशकार डा. हरदेव बाहरी द्वारा संपादित 'राजपाल' शब्दकोशों की शृंखला और किशोरों के लिए सैकड़ों पुस्तकें 'राजपाल एण्ड सन्ज़' से प्रकाशित हुई हैं।

पाठकों के स्वस्थ और सुरुचिपूर्ण मनोरंजन और ज्ञानवर्धन के लिए समर्पित 'राजपाल एण्ड सन्ज़' से हिन्दी और अंग्रेज़ी में पुस्तकें प्रकाशित होती हैं जो सभी बड़े पुस्तक-विक्रेताओं के यहां उपलब्ध हैं।

राजपाल एण्ड सन्ज़

1590 मदरसा रोड, कश्मीरी गेट, दिल्ली-6, फोन: 011-23869812, 23865483
email: sales@rajpalpublishing.com, website: www.rajpalpublishing.com